Metaverso

La Guía Completa Paso a Paso Sobre Cómo Invertir En Nft, Tierras Virtuales, Activos Digitales Y Criptodivisas Metaversas A Través Del Juego Blockchain

Hernando Buenaventura

ÍNDICE DE CONTENIDOS

INTRODUCCIÓN

Es muy probable que hayas oído hablar mucho del metaverso últimamente. Microsoft dijo que compraría ActivisionBlizzard por 69.000 millones de dólares, citando la adquisición como parte de su expansión en el metaverso. El año pasado, Facebook se relanzó con el nombre de Meta, un testimonio del objetivo de la red social de ser un precursor en la siguiente etapa de la evolución de Internet. Rec Room y juegos de construcción de mundos como Roblox y Minecraft se lanzan a discutir sobre el metaverso.

En diciembre, Bill Gates hizo una gran previsión. Los empleados de cuello blanco empezarán a reunirse en el metaverso al menos en 2025, afirma. "Dentro de los próximos dos o tres años, creo que la mayoría de las reuniones virtuales pasarán de las cuadrículas de imágenes de cámaras 2D -a las que me refiero como el paradigma de las plazas de Hollywood, aunque me doy cuenta de que probablemente me duela- al metaverso, un lugar en 3D con avatares digitales". "Tanto Facebook como Microsoft anunciaron recientemente sus planes al respecto, proporcionando a la mayoría de la gente su primera visión de cómo será", escribe Gates. "El concepto es que, en última instancia, utilizarás tu avatar para reunirte con otros en un lugar virtual que simule estar en una sala física con ellos".

La cobertura mediática del metaverso ha aumentado en los últimos meses -en realidad, desde que Facebook cambió su nombre por el de Meta (incluso en Fortune). Pero, ¿está todo el mundo, especialmente los empleados, preparado para una toma de posesión del metaverso? ¿Y darán la bienvenida a las grandes empresas tecnológicas que pretenden dominar el espacio? Puede que ahora estés viviendo en este mundo, pero dentro de poco habrá otros en los que habitar (no, no estamos hablando de Marte, lo siento Elon). Entre en el metaverso, el tema más de moda del año. La palabra se ha colado en nuestras vidas en algún momento de este año, entre la tercera ola y la pandemia en la que nos encontramos, y ya no se irá. La actual efervescencia digital tiene a los sospechosos habituales (léase Facebook/Meta, Microsoft y el resto de Silicon Valley) luchando por una parte de la acción. Sin embargo, las empresas más pequeñas también están moviendo ficha. Pero, ¿cuál es el problema del metaverso? ¿Y qué tiene que ver con la cadena de bloques, las NFT o la vida en Internet 24 horas al día, siete días a la semana?

Para empezar, definir el metaverso es una tarea difícil. Puede que todos estemos de acuerdo en que ha habido mucho bla, bla, bla, pero a fin de cuentas, ¿serías capaz de describirle un metaverso a tu abuelo mientras asas el domingo? Puede ser desconcertante, ya que estamos hablando de algo que todavía no existe. En pocas palabras, un metaverso es un reino virtual compartido que es hiperrealista, inmersivo e interactivo debido a la utilización de tecnologías de realidad aumentada (RA) y realidad virtual (RV). Dentro de un metaverso, puede haber múltiples mundos virtuales en los que las personas pueden participar en una variedad de actividades que son consecuencia de una combinación física y digital. En lugar de mirar un ordenador como se hace hoy en día, se podrá estar dentro de todas las experiencias en línea, como ir de compras, visitar a los amigos y a la familia, asistir a una representación e incluso completar un trámite formal, en un metaverso.

El metaverso ofrece numerosas ventajas significativas por encima de lo que recibes actualmente por tu tiempo de pantalla (¿has hecho mucho eso últimamente? Todos somos culpables de ello), así que todo se reduce a fusionar tus actividades diarias en una plataforma altamente dinámica que te permite hacer más cosas en un solo lugar. Este concepto existe desde al menos 1992, cuando Neal Stephenson inventó el término "metaverso" en su novela distópica "Snow Crash" (para ser justos, se ha distanciado de cualquier plan metaverso). Y muchos de nosotros hemos visto metaalusiones en la cultura pop, como en Matrix, Ready Player One o Tron, así que los fundamentos de la noción no son tan extraños después de todo.

Con el ánimo de volver a lo básico, he aquí un resumen de algunos de los rasgos que caracterizan a un metaverso:

SIN LÍMITES - El metaverso, un reino virtual en 3D, elimina todas las barreras físicas y de otro tipo. Es un espacio infinito sin restricciones sobre cuántas personas pueden utilizarlo simultáneamente, qué tipo de actividades pueden tener lugar, qué industrias pueden entrar en él, etc. Ofrece más accesibilidad que las actuales plataformas de Internet.

PERSISTENTE - Un metaverso no puede ser desconectado, reiniciado o restablecido. Los usuarios pueden acceder a él en cualquier momento, desde cualquier lugar del mundo, y su experiencia siempre será consistente. Un metaverso cambiará con el tiempo en función de las contribuciones colectivas de sus usuarios, como los contenidos y las experiencias que creen.

DESCENTRALIZADO - El metaverso no está controlado por una empresa o una única plataforma, sino por todos sus usuarios, que tienen acceso a sus datos personales. La tecnología Blockchain desempeña un papel importante en este sentido (más adelante se hablará de ello), ya que garantiza que todas las transacciones dentro de un mundo virtual sean públicas, fácilmente rastreables y seguras en todo momento.

INMERSIVO - Podrá entrar en una nueva sensación de realismo y compromiso, en la que todos los sentidos humanos se involucran más completamente y los consumidores se sienten más presentes en sus experiencias, ya sea con un auricular de RV, unas gafas de RA o simplemente con su smartphone. El metaverso, como reino altamente realista, también será capaz de adaptarse a sus usuarios, que podrán alterar directamente, por ejemplo, sus ajustes, elementos, colores, iluminación, etc.

ECONOMÍAS VIRTUALES - Los participantes en el Metaverso pueden participar en economías virtuales descentralizadas alimentadas por criptomonedas (como la propia SENSO de Sensorium Galaxy). Esto incluye mercados en los que los usuarios pueden comprar, vender e intercambiar activos digitales como avatares, ropa virtual, NFTs y entradas a eventos.

EXPERIENCIAS SOCIALES - El corazón palpitante del metaverso está compuesto por sus usuarios. Todos los miembros de un entorno virtual participan en coexperiencias y contribuyen al futuro del metaverso a través de contenidos generados por los usuarios, que van desde creaciones virtuales hasta historias personales e interacciones con avatares manejados por la IA.

En realidad, los metaversos ya existían antes del nuevo cambio de marca de Facebook. Las primeras encarnaciones pueden verse en juegos como Second Life y Los Sims, en los que los usuarios gestionan la vida de sus avatares online. Incluso en 2009, Facebook experimentaba con ciertos proyectos premetaversos, como Farmville, un juego que permitía a los jugadores mantener granjas virtuales y vender sus productos a cambio de Farm Coins. Y aunque estas plataformas contienen componentes del metaverso, siguen siendo hechos aislados con pocas consecuencias fuera de su plataforma nativa. Un metaverso real es una experiencia continua que combina componentes de varios medios y públicos. Ahora que hemos cerrado este componente, ¿qué más puede hacer que el metaverso siga funcionando?

EL CRIPTO HACE GIRAR EL METAVERSO

En el metaverso puede ocurrir cualquier cosa. Y nos referimos a cualquier cosa, ya que, en su mayor parte, nadie sabe lo que contiene el futuro. Por el momento, los juegos y el entretenimiento lideran la carrera, ya que cuentan con las infraestructuras más sofisticadas que pueden adoptarse en un entorno virtual y evolucionar dentro de él. Sus economías virtuales contribuyen en gran medida a ello. Tomemos, por ejemplo, Roblox, Axie Infinity o Fornite. Estas plataformas de tipo metaverso han alcanzado una enorme popularidad, no sólo por sus servicios de entretenimiento, sino también por sus florecientes mercados en los que los usuarios pueden comprar, vender o intercambiar productos a cambio de tokens nativos como V-Bucks o AXS. Todos estos lugares nativos digitales dependen de una sólida economía virtual para generar nuevos activos (como los NFT), experiencias y actividades, lo que ha contribuido a sentar las bases de la economía metaversa.

De nada sirve vivir en un metaverso si la economía no puede sostener las actividades (y los objetivos financieros) de sus usuarios. Por ello, ofrecer un valor fácilmente monetizable es esencial para cualquier entorno virtual. Recuerde que en el metaverso pueden tener lugar muchos tipos de actividades, y los usuarios necesitan una razón suficientemente fuerte para querer entrar y permanecer en él. La competencia, la escasez, la oferta y la demanda son ejemplos de la economía del mundo real que pueden aplicarse a cualquiera de nosotros.

Las monedas basadas en la cadena de bloques permiten que todos los activos dentro del metaverso se generen, intercambien, compartan y controlen de forma sencilla y segura, lo que posiblemente permita que los objetos sean transportados sin problemas a través de los mundos o destinos meta por sus usuarios. Un token SENSO, por ejemplo, vale 10 dólares por unidad dentro de Sensorium Galaxy. Este precio se aplica a los clientes que adquieren SENSO mediante pagos en moneda estándar. Sin embargo, SENSO también se vende en los intercambios de criptomonedas por poco más de 2,5 dólares al escribir, lo que implica que la compra de SENSO en el mercado abierto podría dar a los consumidores un descuento dinámico. Después de una década de entusiasmo, parece que tanto la tecnología como las soluciones de RV de alta calidad se están poniendo al día, y no sólo en los juegos. Han surgido aplicaciones en diversos sectores, como la moda, la música, la educación y los deportes, entre otros, lo que ha provocado un aumento significativo de la demanda. Se trata de una tendencia que se espera que continúe a medida que otras plataformas hagan la transición a la realidad virtual y, por primera vez, entren en el metaverso.

Meta, en todas partes
Como ya se ha dicho, actualmente existen algunas experiencias de tipo metaverso. Roblox, una plataforma de videojuegos, ha experimentado con metaeventos como la conmemoración del centenario de Gucci y el lanzamiento de la primera metatienda de la NFL. Mientras tanto, su competidor Fortnite no se queda atrás, ya que ha acogido conciertos virtuales de gran

popularidad, como los de Ariana Grande, Travis Scott y Marshemello, entre otros.

Sin embargo, existen otras perspectivas sobre la evolución del metaverso, y se espera que algunas de las tendencias actuales continúen:

- **Corporativo:** Trabajar en línea ya es una realidad para muchos de nosotros, ya que una gran parte de la población mundial se ha pasado al empleo a distancia durante la epidemia de COVID-19. El metaverso no sería más que una continuación de eso, como Facebook (perdón, Meta) ya ha intentado demostrar con Horizon Workrooms. Otros, como Microsoft, están siguiendo su ejemplo, y sólo podemos anticipar que más empresas intentarán enviar a sus empleados al metaverso.

- **El juego:** Es entretenido, puedes hacer nuevos amigos y puedes ganar mucho dinero. Por eso, juegos como Axie Infinity, Sandbox, Illuvium y Decentraland lideran la carrera del metaverso. Se espera que estas plataformas atraigan a la mayoría de la gente al metaverso porque tienen una sólida red social y una economía descentralizada en su corazón.

- **Entretenimiento:** En el metaverso, el tiempo de inactividad puede adoptar rápidamente un aspecto totalmente diferente. Desde chatear con usuarios de la vida real hasta hacerse amigo de avatares potenciados por la IA, pasando por presenciar tus actos favoritos en un alucinante concierto virtual, el metaverso eleva el entretenimiento a un nivel completamente nuevo. Sensorium Galaxy es un metaverso que se centra en experiencias fuera de este mundo. Este metaverso cuenta con una enorme oferta musical que atrae a todo un universo de fans, gracias a las colaboraciones con algunos de los mejores músicos del mundo, como David Guetta, Armin van Buuren y Steve Aoki, entre otros. Sensorium Galaxy tendrá otros centros de contenido, como un planeta dedicado a la meditación y a las técnicas de autorrealización, además de su universo centrado en la música.

- **Bienes inmuebles:** ¿Tiene un problema de alquiler? ¿No puede permitirse comprar una casa? ¿No hay un camino obvio para salir de la carrera de la rata? Mientras que los bienes inmuebles en el mundo real pueden estar fuera de su alcance, la compra de una parcela de tierra virtual puede hacerle muy, muy rico. Decentraland acaba de establecer otro récord en el metaverso al vender una "finca virtual" por 2,4 millones de dólares. Y hay mucho más que se puede conseguir en entornos virtuales como Sandbox. Los que busquen alternativas inmobiliarias más exóticas podrán encontrar no sólo propiedades, sino también mansiones y barcos (con helipuertos, jacuzzis y cabinas de DJ). Pero, en realidad, probablemente puedas descubrir cualquier cosa que desees en el metaverso, independientemente de tu tema de interés. Con tanta gente en la mezcla, el único límite al potencial de los mundos virtuales es la propia imaginación.

CAPÍTULO 1: EL METAVERSO EXPLICADO DE FORMA SENCILLA

Mark Zuckerberg lo dice: el metaverso es el futuro de Internet. También podría ser un videojuego. ¿O es una forma más dolorosa y peor de Zoom? Es difícil decirlo. Hasta cierto punto, discutir lo que significa "el metaverso" es análogo a discutir lo que significaba "Internet" en los años setenta. Se estaban sentando las bases de un nuevo modo de comunicación, pero nadie sabía cómo sería el producto final. Así, aunque en aquel momento era cierto que "Internet" estaba en camino, no todas las expectativas sobre su aspecto eran correctas.

Por otro lado, el concepto de metaverso lleva implícito un montón de trucos de marketing. Facebook, en particular, se encuentra en una posición inusualmente vulnerable como resultado de la decisión de Apple de limitar el seguimiento de anuncios, lo que ha perjudicado la línea financiera de la empresa. Es difícil separar la visión de Facebook de un futuro en el que todo el mundo tiene un armario digital para navegar del hecho de que Facebook pretende ganar dinero vendiendo prendas virtuales.

Así que, con eso en mente...

En serio, ¿qué significa "metaverso"?

He aquí un experimento para ayudarle a comprender lo ambigua y enrevesada que puede ser la palabra "el metaverso": En un enunciado, sustituya mentalmente las palabras "el metaverso" por "el ciberespacio". El noventa por ciento de las veces, el significado no variará significativamente. Esto se debe a que la frase no se refiere a un único tipo de tecnología, sino a un amplio cambio en la forma en que nos relacionamos con la tecnología. Y, ciertamente, es posible que la propia frase quede obsoleta a medida que la tecnología que definía anteriormente se generalice.

La realidad virtual -caracterizada por entornos virtuales persistentes que siguen existiendo incluso cuando no se está jugando- y la realidad aumentada, que mezcla características del mundo digital y del físico, son dos tecnologías que conforman el metaverso. Sin embargo, no es necesario que esas zonas sean accesibles únicamente a través de la RV o la RA. Podría existir un entorno virtual metaverso, similar a partes de Fortnite a las que se puede acceder a través de PC, consolas de juego e incluso teléfonos.

También se refiere a una economía digital en la que los usuarios pueden fabricar, comprar y vender cosas. Y, en las ideas más socialistas del metaverso, es interoperable, lo que permite transportar objetos virtuales como ropa o vehículos de una plataforma a otra. En el mundo real, puedes ir al centro comercial y comprar una camisa para ir al cine. La mayoría de las plataformas cuentan ahora con identidades virtuales, avatares e inventarios vinculados a una sola plataforma, pero un metaverso puede permitirte construir un personaje que puedas llevar a todas partes con la misma facilidad con que copias tu imagen de perfil de una red social a otra. Es difícil entender lo que todo esto implica porque, cuando se escuchan descripciones como las anteriores, es natural preguntarse: "Espera, ¿eso no existe ya?". Por ejemplo, Environment of Warcraft es un mundo virtual permanente donde la gente compra e intercambia cosas. Fortnite ofrece experiencias virtuales como conciertos y una exposición en la que Rick Sánchez puede aprender sobre Martin Luther King Jr. Puedes ponerte unos auriculares Oculus y entrar en tu propia casa virtual. ¿Es eso lo que significa realmente "el metaverso"? ¿Sólo nuevos tipos de videojuegos?

En pocas palabras, sí y no. Argumentar que Fortnite es "el metaverso" es como decir que Google es "Internet". Incluso si hipotéticamente pudieras pasar una cantidad significativa de tiempo en Fortnite chateando, comprando objetos, aprendiendo y jugando, esto no implica necesariamente que contenga la totalidad del metaverso.

Por otro lado, al igual que es correcto afirmar que Google crea partes de Internet -desde centros de datos físicos hasta capas de seguridad- también es correcto argumentar que Epic Games, los creadores de Fortnite, están construyendo secciones del metaverso. No es la única empresa que lo hace. Parte de ese trabajo lo realizarán gigantes de la tecnología como Microsoft y Facebook, esta última acaba de cambiar su nombre por el de Meta para reflejar este esfuerzo, aunque todavía no estamos aclimatados a la palabra. Muchas más empresas, como Nvidia, Unity, Roblox e incluso Snap, están desarrollando la infraestructura que podría convertirse en el metaverso. La mayoría de los debates sobre lo que contiene el metaverso comienzan a estancarse en este punto. Y sabemos qué empresas están invirtiendo en el concepto, pero aún no sabemos qué es. Facebook -lo siento, Meta, sigo sin entenderlo- cree que contendrá residencias ficticias a las que podrás invitar a todos tus amigos a pasar el rato. Microsoft parece creer que las salas de conferencias virtuales podrán utilizarse para enseñar a los nuevos empleados o para conversar con compañeros de trabajo lejanos.

Las propuestas de estos conceptos futuristas van desde la esperanza hasta la pura fan fiction. Durante... Meta... presentó el metaverso, la compañía, representó un escenario en el que una joven está sentada en su sofá mirando a través de Instagram cuando se encuentra con un vídeo compartido por un amigo de un concierto que tiene lugar al otro lado del mundo. La película se traslada entonces al espectáculo, cuando la mujer aparece como un holograma al estilo de los Vengadores. Puede establecer contacto visual con su compañero presente físicamente, ambos pueden escuchar el concierto y ambos pueden ver la escritura flotante que se cierne sobre el escenario. Esto parece genial, pero en realidad no es la publicidad de un producto genuino, ni siquiera de uno potencialmente futuro. En realidad, nos lleva al quid del dilema del "metaverso".

¿POR QUÉ EL METAVERSO INCLUYE HOLOGRAMAS?

Cuando apareció Internet, lo hizo precedido de una sucesión de avances tecnológicos, como la capacidad de permitir que los ordenadores se comunicaran a larga distancia o la posibilidad de establecer hipervínculos de una página web a otra. Estas cualidades tecnológicas sirvieron de base para las estructuras abstractas que conocemos como Internet: páginas web, aplicaciones, redes sociales y todo lo que se apoya en esos aspectos esenciales. Por no hablar de la convergencia de avances en la interfaz que no forman parte exactamente de Internet pero que, sin embargo, son necesarios para su funcionamiento, como las pantallas, los teclados, los ratones y las pantallas táctiles. El metaverso cuenta con algunos elementos nuevos, como la capacidad de alojar a cientos de personas en una sola instancia de un servidor (las futuras versiones de un metaverso deberían ser capaces de manejar a miles o incluso millones de personas a la vez), o herramientas de seguimiento del movimiento que pueden distinguir hacia dónde mira una persona o dónde están sus manos. Estas tecnologías emergentes tienen el potencial de ser muy fascinantes y futuristas.

Sin embargo, hay varias limitaciones que pueden ser insuperables. Cuando corporaciones tecnológicas como Microsoft o Fa-Meta exhiben películas ficticias de sus ideas futuras, suelen pasar por alto cómo los humanos interactuarán con el metaverso. Los cascos de RV siguen siendo torpes, y la mayoría de las personas sufren mareos o dolores físicos si los llevan puestos durante un periodo prolongado. Las gafas de realidad aumentada se enfrentan a un dilema similar, además de la cuestión nada desdeñable de saber cómo llevarlas en público sin parecer unos enormes idiotas. Entonces, ¿cómo pueden las empresas tecnológicas demostrar el concepto de su tecnología sin mostrar la realidad de un engorroso casco y unas gafas ridículas? Hasta ahora, su principal respuesta parece ser la de crear tecnología desde cero. ¿La mujer holográfica de la presentación de Meta? Siento reventar tu burbuja. Simplemente no es concebible ni siquiera con las versiones más sofisticadas de la tecnología actual.

A diferencia de los avatares digitales con seguimiento de movimiento, que ahora son una chorrada pero que podrían mejorarse en el futuro, no hay ninguna forma chorra de crear una imagen tridimensional que aparezca en el aire sin unos ajustes controlados con precisión. Independientemente de lo que diga Iron Man. Tal vez estén pensados para ser leídos como imágenes proyectadas a través de gafas -después de todo, las dos señoras del vídeo de demostración llevan gafas idénticas-, pero incluso eso presupone mucho sobre las capacidades físicas de las gafas pequeñas, lo que Snap puede decir que no es un problema fácil de resolver.

Este tipo de desviación de la realidad es habitual en las demostraciones cinematográficas de cómo puede funcionar el metaverso. Otra de las demostraciones de Meta mostraba a personas flotando en el espacio: ¿esta persona está conectada a un aparato aéreo inmersivo o simplemente está sentada en un escritorio? ¿Se trata de una persona representada por un holograma que lleva unos auriculares y, en ese caso, cómo se escanea su rostro? A veces, una persona arrebata bienes virtuales pero posteriormente parece agarrar esos objetos con sus manos reales.

En algunos niveles, esto es aceptable. Microsoft, Meta y todas las demás empresas que muestran demostraciones extravagantes como éstas intentan crear una imagen estética de lo que puede ser el futuro, en lugar de responder a todas las inquietudes técnicas. Es una práctica consagrada que se remonta a la demostración de AT&T de un teléfono plegable controlado por voz capaz de borrar mágicamente a las personas de las fotografías y de generar modelos en 3D, todo lo cual pudo parecer igualmente imposible en su momento.

Sin embargo, este tipo de pensamiento ilusorio como demostración tecnológica nos sitúa en una posición en la que es difícil predecir qué partes de las numerosas ideas del metaverso se harán realidad algún día. Si los cascos de realidad virtual y realidad aumentada se vuelven lo suficientemente cómodos y asequibles como para que la gente los use a diario -un gran "sí"-, entonces el concepto de una partida de póquer virtual en la que tus compañeros son robots y hologramas que flotan en el espacio puede hacerse realidad. Si no es así, siempre podrás jugar a Tabletop Simulator a través de una videollamada de Discord.

Lo llamativo de la RV y la RA también oculta las características más cotidianas del metaverso que tienen más posibilidades de materializarse. A las empresas de software les resultaría trivial crear, por ejemplo, un estándar de avatar digital abierto, una especie de archivo que incorpore las características que introducirías en un creador de personajes -como el color de los ojos, el corte de pelo o las opciones de ropa- y que te permita llevarlo a cualquier parte. No hay razón para crear un casco de RV más cómodo para eso. Pero eso no es tan divertido de imaginar.

¿CÓMO ES EL METAVERSO AHORA MISMO?

El dilema de definir el metaverso es que, para que sea el futuro, hay que alejar el presente. Los MMO, que son básicamente mundos virtuales completos, los conciertos digitales, las conversaciones por vídeo con personas de todo el mundo, los avatares en línea y las plataformas de comercio ya están disponibles. Así que, para vender estos elementos como una nueva visión del mundo, debe haber algo fresco en ellos. Si se pasa el tiempo suficiente hablando del metaverso, sin duda alguien sacará a relucir escenarios ficticios como Snow Crash, la novela de 1992 que creó la frase "metaverso", o Ready Player One, que describe un entorno de RV en el que todo el mundo trabaja, juega y compra. Cuando se combinan con la idea general de la cultura pop de los hologramas y las pantallas de visualización (básicamente todo lo que Iron Man ha utilizado en sus últimas diez películas), estas historias sirven como punto de referencia imaginativo de cómo podría ser el metaverso, un metaverso que las empresas tecnológicas podrían vender como algo nuevo. En un comunicado, sustituya mentalmente las palabras "el metaverso" por "el ciberespacio". El noventa por ciento de las veces, el significado no variará significativamente.

Este tipo de propaganda es tan esencial para el concepto de metaverso como cualquier otro. No es de extrañar, sin embargo, que los defensores de los NFT -fichas criptográficas que pueden funcionar como certificados de propiedad de un bien digital, más o menos- también abracen el concepto del metaverso. Claro que los NFT son perjudiciales para el medio ambiente, pero si se puede argumentar que estos tokens son la llave digital de tu casa virtual en Roblox, entonces boom. Acabas de convertir tu pasatiempo de comprar memes en una pieza vital de la infraestructura de Internet (y tal vez hayas aumentado el valor de todo ese bitcoin que tienes). Es importante tener en cuenta todo este contexto porque, aunque es fácil comparar los conceptos del proto-metaverso de hoy en día con la primera Internet y creer que las cosas mejorarán y crecerán de forma lineal, eso no es un hecho. No hay ninguna garantía de que la gente quiera quedarse sin piernas en un lugar de trabajo virtual o jugar al póquer con Mark Zuckerberg, director general de Dreamworks, y mucho menos de que la tecnología de RV y RA llegue a ser tan omnipresente como lo son ahora los teléfonos inteligentes y los ordenadores. Es posible que un verdadero "metaverso" consista en poco más que algunos grandes juegos de RV y avatares digitales en las conversaciones de Zoom, pero en gran medida en lo que ahora conocemos como Internet.

Dinero real en el metaverso

Un nuevo tipo de trabajo desde casa es sólo un ejemplo de lo que el metaverso puede ofrecer a los individuos que buscan obtener beneficios. Carrie Tatsu, una empresaria del metaverso de 48 años, es un buen ejemplo. Lleva más de 15 años desarrollando, promocionando y vendiendo avatares, mascotas y accesorios para los residentes de Second Life, un juego que empezó en 2003 como un mundo digital en blanco en el que los jugadores podían tener propiedades y gastar dinero real en ropa personalizada en el mundo. (Si suena muy parecido al metaverso que ahora impulsan las grandes tecnológicas, estaría en lo cierto). Tatsu se incorporó a la empresa después de sentirse insatisfecha con su puesto en el mercado. Compró una mascota para su avatar, ya que le gustan los gatos. A raíz de su decisión, su carrera se consolidó. Tatsu añade: "Pensé, bueno, ya sabes, creo que puedo construir un gato mejor".

No tardó en abrir con su ex marido un negocio, Zooby, y generar suficiente dinero para que ella dejara su trabajo en el mundo físico y se dedicara a tiempo completo a diseñar mascotas y accesorios para Second Life. Rápidamente se dio cuenta de cómo otros usuarios establecían auténticos vínculos con esas criaturas imaginarias. "Hubo un cambio de paradigma en mi forma de abordar esto", explica. "Esto no era como jugar a un videojuego y participar en un shooter en primera persona". Se trataba de una relación profundamente emocional con algo no físico". Ese tipo de actividad siempre ha formado parte del juego en Roblox. "Imagina un futuro en el que puedo ir a la tienda de sombreros [virtual] y tener una experiencia realmente sin fricciones personalizando el sombrero que produje, y ahora puedo posiblemente vender ese sombrero a otras personas en el metaverso", dice el director de producto de Roblox, Manuel Bronstein. "Hemos hecho que sea realmente sencillo para cualquiera empezar a vender sus ideas".

Los jugadores pueden convertir en bitcoin el tiempo que dedican a los juegos basados en blockchain. En el popular juego Axie Infinity, los usuarios compran, entrenan y crían animales parecidos a Pokemon que son NFT, cada uno de los cuales se registra por separado en la blockchain de Ethereum. Los jugadores pueden vender las criaturas por bitcoin en un mercado activo. Durante la epidemia, Axie Infinity ganó mucho atractivo en todo el mundo; Filipinas, en particular, ha experimentado un gran desarrollo, con jugadores de todas las edades que utilizan el juego para ganar dinero. Hay que poseer tres de estos "Axies" antes de poder jugar al juego, y los animales de menor coste en el mercado superan actualmente los 100 dólares. Estas perspectivas totalmente digitales para ganarse la vida están motivando a una nueva generación a creer que el metaverso es donde pueden construir sus fortunas.

Comprobación de la realidad

La epidemia echó por tierra cualquier idea de destetar a los jóvenes del tiempo de pantalla. Según una investigación alemana, el uso de las redes sociales y los videojuegos entre los jóvenes de 12 a 17 años aumentó al menos un 60% en 2020 en comparación con 2019. No se trata solo de una pantalla, sino de un universo.

Tatsu es madre de dos hijos y, aunque se ha forjado una exitosa profesión en el ámbito digital, insiste en que sus hijos pasen todo el tiempo posible al aire libre. "Es necesario que la gente se relacione con otros seres humanos en la vida real", argumenta. "A medida que los niños crecen en este entorno, creo que es necesario que haya vías para que participen, vayan a oler una flor aquí, paseen por un sendero, tengan una charla significativa con un compañero y lancen una pelota". Es decir, aunque se pueda imitar, la simulación no será la misma. Como resultado, me siento fatal por mis hijos".

En el ámbito digital, todos tenemos que preocuparnos por algo más que por el tiempo invertido. La muy probable noción de que éste es el camino del avance técnico no permite considerar si es la dirección en la que deberíamos avanzar. Si el metaverso no es más que una extensión de la Internet que tenemos actualmente, sólo hay que considerar la plétora de problemas que aún tenemos que resolver en nuestra existencia en línea -hackeo, catfishing, acoso, discurso de odio- para entender lo realmente mortal que puede ser un futuro en el metaverso. La empresa consultora GlobalData expresa su preocupación por la lentitud con que los gobiernos, en particular el de Estados Unidos, han abordado problemas de ciberseguridad como la proliferación de la desinformación posibilitada por la inteligencia artificial, especialmente las películas conocidas como deepfakes. "Estas imágenes falsas -de nuevo, volviendo a los deepfakes- se utilizan no sólo para engañar a la gente para que revele información personal, sino también desde un punto de vista político para convencerla de algo que no ha sucedido o que simplemente no es real", afirma un analista temático de GlobalData.

"Es necesario tener en cuenta que hay cinco retos extremadamente fundamentales en la Internet móvil que aún no hemos resuelto: los derechos de los datos, la seguridad de los datos, la radicalización, la desinformación y el poder de la plataforma". Si la premisa subyacente del metaverso es que pasaremos más tiempo, trabajo, ocio, ingresos y existencia dentro de mundos virtuales, entonces cada una de esas cinco preocupaciones se amplifica. La cantidad de datos adquiridos y la importancia de esos datos aumenta, o los peligros de pérdida de datos aumentan". Hay una razón por la que muchos metaversos de ficción, como Ready Player One y Snow Crash, tienen lugar en distopías sombrías.

La visión
Los verdaderos creyentes no están de acuerdo. Creen que el metaverso tiene beneficios para todos, que puede aumentar el acceso, las oportunidades, las redes sociales y la salud mental, aunque incluso admiten que gran parte del bien que puede hacer el metaverso es todavía especulativo y depende de una confluencia de acontecimientos, desde el despliegue de hardware hasta el desarrollo de la infraestructura de datos, todo ello en plazos muy inestables.

Lo que sí es seguro, afirman sus defensores, es la capacidad ya demostrada del metaverso de mejorar la empatía y fomentar la

24

generosidad. "Creo que cuando estás en un mundo virtual, suelen ser más pequeños e íntimos". Y creo que a medida que avancemos en este futuro en el que puedes crear realmente tu avatar, tendrás una relación más íntima con los individuos que conoces en línea", "Aunque estés detrás de una pantalla o lleves unos auriculares, sigues viendo a alguien".

Hace unos años circuló por Internet un extraño vídeo de YouTube. Un usuario que llevaba un equipo de seguimiento de todo el cuerpo sufrió supuestamente un ataque en medio de una sesión habitual de VRChat, que es esencialmente un mosh pit de avatares que chocan y una discusión vocal frenética. El episodio puso de manifiesto la barrera física que separa a los individuos en los mundos virtuales y la preocupación por la persona que se esconde detrás de un avatar robótico rojo.

Meta considera que la transformación tecnológica que se avecina es una oportunidad para desarrollar una misión y un propósito más inclusivos. "Siento que estamos trabajando en la imprenta del futuro", preservando, por ejemplo, una lengua que está en vías de extinción. Podrás ver el sonido y el movimiento de los labios y otras cosas si eres capaz de retener no sólo en una película plana. Podrás ver muchos de los detalles de cómo se mueve la lengua y los dientes en una captura de la actuación en 3D y en una película real en 3D, y podrás guardar los mismos bailes, así como los artefactos, los cuentos y todo tipo de cosas. Creo que es algo en lo que estamos trabajando ahora para preservar esas historias para el futuro". Ese futuro, según ella, será mejor, gracias en parte al metaverso.

"Cuando miro a los arquitectos de Internet, todos eran hombres", Como mujer latina extremadamente visible, quiero más individuos como yo". Necesitamos más individuos en

25

profesiones de cara al público como la mía, porque puedes motivar a mucha más gente a unirse y decir: 'Oye, soy bienvenida en este universo metaverso'. Puedo construir". Esa construcción ya ha comenzado para las personas cuyas vidas se desarrollan actualmente en parte en el metaverso, a pesar de sus problemas y peligros.

CAPÍTULO 2: CÓMO ACCEDER AL METAVERSO, HARDWARE NECESARIO

La aparición del "metaverso" ha sido meteórica. Muchas personas siguen fascinadas por estos reinos digitales, mientras que otras quieren saber cómo acceder a ellos. El metaverso es un universo a la vez virtual e interoperable. La interoperabilidad es un componente crítico del metaverso, que implica que la información se transmite fácilmente a través de diferentes sistemas. Entrar en el metaverso es más fácil de lo que se piensa.

¿Cómo se manifiesta la interoperabilidad en el metaverso? Pensemos en la película Ready Player One, en la que numerosos jugadores de diferentes universos coexisten en el mismo entorno. A diferencia de los mundos digitales como Roblox, en los que los usuarios sólo pueden entrar si son propietarios de avatares, un metaverso descentralizado como Sandbox no tiene restricciones similares: cómo se adquiere el acceso.

Decentraland permite a los usuarios crear un avatar para entrar en el metaverso.

Decentraland es una plataforma de mundos virtuales. Es uno de los métodos más sencillos para acceder al metaverso. Los interesados en crear su propio avatar pueden hacerlo en el sitio web de Decentraland. Los usuarios deben saber que, para acceder plenamente al metaverso de Decentraland, primero deben descargar y conectarse a un navegador con extensión de metamundo. Una vez unidos, los usuarios pueden explorar el metaverso de Decentraland y verlo crecer a medida que otras entidades compran terrenos y construyen en ellos.

¿QUÉ ES EXACTAMENTE DECENTRALAND?

Decentraland, que es un acrónimo de "tierra descentralizada", es un entorno digital totalmente inmersivo gestionado por su comunidad, como su nombre indica. El universo de Decentraland se compone de varias parcelas digitales, que se registran en la cadena de bloques como fichas no fungibles (NFT). Los propietarios pueden construir y exponer sus obras maestras para que las vea todo el mundo, siempre que se mantengan dentro de los límites de su propia parcela.

Las parcelas de tierra pueden adquirirse mediante una serie de fichas en mercados secundarios como OpenSea. Sin embargo, le costarán una cantidad significativa de dinero, dependiendo del tamaño de la propiedad y su cercanía a lugares públicos clave. Si le da claustrofobia, puede hacerse con cantidades de terreno aún mayores combinando porciones cercanas en fincas. Estas parcelas combinadas permiten a los propietarios mantener y hacer crecer cómodamente sus terrenos, especialmente si intentan construir edificaciones que no caben en una sola parcela estándar. Las fincas están representadas por un ERC-721 NFT adicional que incluye las unidades de terreno subyacentes.

La economía de Decentraland se nutre principalmente de su token nativo, MANA, que puede usarse para adquirir parcelas de tierra, artículos de vestir y otros servicios dentro de su entorno virtual. Los titulares de los tokens también tienen la posibilidad de participar en la gobernanza desarrollando o votando propuestas de la comunidad. Las monedas MANA están disponibles en las principales bolsas centralizadas y descentralizadas, como Binance y Uniswap. Con el éxito de Decentraland y el aumento de los precios de los activos, el precio de los tokens MANA se ha multiplicado por más de cinco en el último año. Poseer bienes es sólo la mitad de la diversión; la otra mitad es crear increíbles construcciones y artefactos para mostrar, así como explorar el vasto metaverso de Decentraland. Pero primero se necesita un avatar, que son figuras tridimensionales que permiten a los usuarios adoptar una identidad virtual en Decentraland, donde pueden explorar el metaverso y comunicarse con otros.

Puedes crear tantos avatares como quieras y diseñarlos con tu propio estilo, o puedes elegir entre cientos de prendas diferentes. A diferencia de la vida real, ¡también puedes modificar inmediatamente tu pelo y tus rasgos faciales!

Si los atuendos gratuitos no te atraen, Decentraland también ofrece atuendos NFT premium que pueden adquirirse mediante preventa o en el mercado secundario utilizando MANA. Los objetos de vestir están disponibles en una variedad de rarezas, que van desde la no común hasta la mítica. Cuanto menor sea la cantidad de artículos minables, mayor será la rareza. Las marcas y los desarrolladores de contenidos también pueden crear prendas exclusivas para concursos o eventos concretos. Por defecto, estos wearables se acuñan en la blockchain de Polygon, lo que permite a los usuarios intercambiarlos sin pagar excesivas tasas de gas.

¿Cómo puedo empezar a jugar al Decentraland?

Sin duda, a estas alturas te estarás preguntando: "¿Cómo puedo empezar a jugar a Decentraland ahora mismo?". Todo lo que necesitas es un navegador web, y hay dos maneras de hacerlo. Puedes entrar como invitado, lo que deshabilita algunas funcionalidades, o puedes entrar usando una cartera digital de bitcoin como MetaMask. Sin embargo, se aconseja obtener un monedero digital para poder disfrutar plenamente de la experiencia. Tener un monedero digital te permite almacenar y transferir de forma segura tus activos y tu progreso en el juego, siempre y cuando protejas tu clave privada y tu frase inicial.

Aquí tienes un tutorial paso a paso para entrar en Decentralandia utilizando un monedero digital para que puedas sumergirte inmediatamente en el metaverso:

Paso 1: Acceda a https://play.decentraland.org/ en su navegador web. Para jugar con su cartera, seleccione la opción de la izquierda.

Paso 2: Para conectarse, seleccione el monedero elegido. Después de elegir, se le pedirá que seleccione el tipo de monedero a conectar. Tienes la opción de usar MetaMask,

Fortmatic, o WalletConnect. En este caso se utilizará MetaMask.

Paso 3: Acceda a Decentraland iniciando sesión. Recibirás una solicitud de firma para iniciar sesión después de vincular tu cartera MetaMask. Cuando firme la solicitud, será enviado a su avatar en la Plaza Génesis. Si es la primera vez que se registra, se le enviará a un menú donde podrá personalizar su avatar.

Paso 4: Haz que tu avatar sea único. Puedes construir tu propio avatar único en la pantalla de selección de avatares personalizándolo de varias maneras, incluyendo el cuerpo, la cabeza, la parte superior, la parte inferior, los zapatos, los accesorios y los coleccionables.

Paso 5: Dale un nombre a tu avatar. Cuando hayas terminado, tendrás que darle un nombre a tu nuevo avatar. Tienes la opción de suscribirte al boletín de Decentraland.

Paso 6: ¡Y ahora estás listo para explorar el mundo de Decentraland!

Metaverso Sandbox

El metaverso Sandbox permite a los usuarios crear, desarrollar y jugar. Mientras tanto, uno de los metaversos descentralizados más populares es The Sandbox. Permite a los usuarios desarrollar, construir y comercializar entornos virtuales dentro del mundo digital.

Adidas acaba de comprar una propiedad en The Sandbox para construir su metaverso Adi. Adidas ya está cooperando con famosas colecciones de NFT como Punk Comic MetaHeroes, Bored Ape Yacht Club (BAYC), y el inversor GMoney, así como una conexión no tan casual con Coinbase. Las personas interesadas en el metaverso pueden visitar la pestaña "Alpha" del sitio web para ver revelaciones diarias de juegos a los que los jugadores pueden jugar para posiblemente recibir premios en SAND, la moneda nativa del juego. El Sandbox también permite a los usuarios crear juegos de muestra de forma gratuita e incluye lecciones.

Poseer un terreno en el metaverso es la forma más directa de entrar en él.

Aunque hay varios métodos para que la gente se una y acceda al metaverso, el más directo es invertir en terrenos dentro de él. No es para el típico inversor, pero comprar una parcela o finca en el metaverso es un método definitivo para acceder a él.

Mucha gente está pensando en comprar bienes digitales como inversión a largo plazo. Las monedas del metaverso han experimentado un rápido crecimiento. Como resultado, poseer una propiedad en los juegos metaversos puede ser rentable en términos de retorno de la inversión. Entre los territorios metaversos más populares a la venta se encuentran The Sandbox, Decentraland y Crytpovoxels. Todos ellos son accesibles a través de OpenSea. Como el metaverso está diseñado para ser interoperable, o abierto, la tecnología también está disponible para personas que no puedan invertir en ella. Todo aquel que esté lo suficientemente ansioso e interesado en entrar en un metaverso real es bienvenido a hacerlo.

CAPÍTULO 3: LOS DISTINTOS USOS DEL METAVERSO

Estamos de acuerdo en que la epidemia de COVID-19 ha alterado drásticamente el escenario mundial. Los centros comerciales, por ejemplo, han cerrado temporalmente, las empresas han implementado métodos de trabajo a distancia y la gente se ha retirado de las grandes reuniones, encuentros y otras actividades.

Sin embargo, todos echamos de menos esos encuentros cara a cara, los distintos entornos de trabajo y las reuniones. Suponga que está pensando en un amigo. De repente, llamas por teléfono a ese amigo, le pides que se reúna contigo allí y aparece en unos minutos. ¿Es esto posible? Sí, así es el Metaverso. Todo lo que necesitas es un par de gafas para realizar virtualmente los objetos del mundo real que te rodean. Aunque el mundo virtual del Metaverso no es real, está bastante cerca. Con el desarrollo tecnológico, el Metaverso está destinado a ser cada vez más interesante y realista. Por ejemplo, pronto los usuarios podrán tocar y sentir los objetos virtuales mediante unos guantes hápticos únicos.

Meta, junto con su nueva marca, presentó las características del Metaverso, tanto para desarrolladores como para consumidores, en el evento Facebook Connect de finales de octubre. Se trata del auricular Project Cambria, la plataforma de presencia y el kit de herramientas de IA para desarrolladores. Se podrán diseñar objetos de realidad virtual y aumentada con su ayuda, así como programar su interacción con el "jugador". Estas cosas también son visibles en el hogar virtual Horizon House y en la oficina virtual Horizon Workrooms. Sin embargo, aunque todas estas tecnologías ofrecen numerosas oportunidades, ¿cómo pueden las organizaciones de todos los sectores aprovechar el metaverso?

¿CUÁLES SON LOS CASOS DE USO EMERGENTES Y FUTUROS DEL METAVERSO?

CASOS DE USO AVANZADOS DE BLOCKCHAIN

La tecnología Blockchain o descentralizada es necesaria para que el Metaverso sea ampliamente adoptado en sectores clave. Blockchain es la tecnología central que sustenta las criptomonedas como Bitcoin, Ether, Dogecoin y otras. Blockchain logra mucho más que simplemente complementar y sostener las criptomonedas. Puede funcionar como un libro de contabilidad distribuido para registrar transacciones entre pares y permite la producción de activos digitales como tokens no fungibles (NFT) y aplicaciones descentralizadas (dApp).

Las empresas pueden utilizar Metaverse para crear mercados de NFT más atractivos y realistas en los que los consumidores puedan relacionarse con otros usuarios, ver las NFT deseadas y, por tanto, hacer una mejor elección de compra. Dado que Metaverse ofrece un mundo compartido de espacio virtual, ha estado impulsando nuevos juegos de NFT o blockchain en los que los jugadores pueden ganar objetos de valor en el juego y posteriormente transferirlos a otros participantes. En pocas palabras, se está utilizando blockchain para construir estos juegos online de nueva generación a través de Metaverse.

ESPACIOS VIRTUALES DE TRABAJO Y APRENDIZAJE

La epidemia del covid-19 ha hecho que las empresas de todo el mundo adopten formas digitales de comunicación. Como resultado, los servicios de videoconferencia han ganado en popularidad para el empleo a distancia, la educación en línea y otros acuerdos de trabajo desde casa. Sin embargo, como la interacción se limita a la voz y el vídeo en tiempo real, estas plataformas no consiguen ofrecer una experiencia atractiva y convincente.

Metaverse aborda esta restricción proporcionando a los clientes una experiencia más atractiva con su mundo virtual gráficamente rico, sus avatares 3D y sus reuniones inmersivas. En lugar de ver a los participantes en una pantalla de ordenador y conversar a través de micrófonos, Metaverse nos permite movernos por un mundo virtual con avatares de los participantes que parecen reales.

NEGOCIOS Y MERCADOS VIRTUALES

La tecnología abre nuevas opciones a las organizaciones, permitiéndoles comercializar con mayor eficacia sus servicios y bienes. Con el creciente uso del metaverso, las empresas se alejan de la superficie bidimensional del comercio electrónico y se adentran en lugares virtualizados que parecen reales para lograr una experiencia más envolvente. Los propietarios de empresas de comercio electrónico, por ejemplo, pueden conectarse con comerciantes en un área virtual y realizar trámites comerciales como la inspección de productos, la celebración de un contrato, la negociación, etc. Además, en lugar de limitarse a depender de las estrategias de marketing digital, las empresas pueden tener una mayor influencia en los clientes creando material de marketing atractivo y realista.

La tecnología del metaverso, junto con numerosos conceptos comerciales nuevos, apoya la producción, la propiedad y el comercio de activos digitales y copias tokenizadas de activos del mundo real para permitir las criptomonedas y las NFT.

EXPANSIÓN DE LAS PLATAFORMAS DE MEDIOS SOCIALES

Mark Zuckerberg y los genios que están detrás de las plataformas Meta reconocen que la tecnología puede lograr mucho más que conectar a las personas a través de las redes sociales. Su visión para adoptar el Metaverso es crear un mundo tridimensional que no se limite a observar a las personas en las pantallas de los ordenadores o smartphones y a escuchar su discurso.

Una plataforma basada en el metaverso ofrece una experiencia más envolvente a los usuarios de las redes sociales al infundirles una sensación de presencia. La combinación de realidad virtual y realidad aumentada permite una experiencia digital más realista que va más allá de las capacidades del mundo actual de las redes sociales. Por supuesto, las redes sociales han evolucionado más allá de los chats básicos basados en texto para compartir recuerdos y relatos, y ahora nos acercamos al reino virtual del Metaverso. El material del Metaverso es gráficamente complejo, y los usuarios se convierten en creadores de contenidos al vivir virtualmente dentro de este reino.

UTILIZAR EL METAVERSO PARA DESBLOQUEAR NUEVAS OPORTUNIDADES DE MARKETING

El metaverso es un entorno virtual en el que los usuarios, representados por avatares, pueden comprar, interactuar, realizar actividades recreativas y estudiar. Lo creas o no, estos mundos virtuales ofrecen fantásticas oportunidades de marketing, y muchas empresas ya las están aprovechando. Para empresas como WarnerMedia y Paramount+, Anzu, por ejemplo, pone anuncios que miden la visibilidad en tiempo real en los entornos de juego de móviles, consolas y, más recientemente, Roblox. Los anuncios imitan la vida real y se fusionan con el juego, de modo que los anuncios en vallas publicitarias o la ropa de marca aparecen en el juego exactamente como lo harían en la vida real. Se pueden comprar en Roblox de forma automática o dinámica con CPMs que van de 6 a 12 dólares en todas las plataformas.

También se puede ser creativo y encontrar oportunidades de marketing en los distintos juegos del metaverso. Wendy's envió una figura que coincidía con la mascota de la marca a Fornite para "matar" a todos los congeladores del modo Food Fight del juego tras observar que el restaurante Durr Burger del juego almacenaba su carne virtual en congeladores, lo que constituyó uno de los casos más fascinantes e ingeniosos. La empresa vio en ello una oportunidad para promocionar su "carne de vacuno fresca y nunca congelada", una maniobra que aumentó las menciones de la marca en las redes sociales en un 119% y le valió múltiples premios, incluidos ocho Cannes Lions.

DAR LA VUELTA AL MUNDO VIRTUALMENTE

Afortunadamente, la tecnología actual nos permite viajar sin estar físicamente allí, y la diferencia entre estar en persona y verlo en vídeo es la experiencia en primera persona. Aquí es donde entran en juego el metaverso, la realidad aumentada (RA) y la realidad virtual (RV). Un universo inmersivo con material auténtico despertará la imaginación del público y le permitirá apreciar la zona en una experiencia en primera persona que le hará sentir como si estuviera allí en primer lugar.

El turismo de realidad virtual es una nueva frontera que aún no se ha generalizado. Youtube y otros grandes proveedores de alojamiento de contenidos están ampliando sus bibliotecas de contenidos de vídeo en 360º. A diferencia de los viajes tradicionales, que a menudo se relacionan con la libertad, el material de vídeo moderno simplemente permite ver lo que se ha capturado para que usted lo vea. Además de ver numerosas localizaciones internacionales, también se puede hacer una visita virtual a Disney World. Se trata de un metaverso de parques temáticos con experiencias de parque vinculadas que cruzan las fronteras físicas y digitales para revelar nuevos niveles de narración. Disney lo ha conseguido introduciendo #DisneyMagicMoments y creando material para atraer a los fans a través del blog, las redes sociales y la aplicación My Disney Experience.

CREAR UN ESPACIO VIRTUAL DE APRENDIZAJE EN CASA

No hace falta decir que la epidemia de Covid-19 ha tenido un impacto significativo en la escolarización a todos los niveles. Esto ha empujado a los estudiantes de K-12 y universitarios a aprender a distancia, lo que tiene una serie de inconvenientes. Aunque plataformas como Zoom permiten a los estudiantes comunicarse con los profesores y entre sí, sigue existiendo una barrera que esta tecnología no puede superar. El metaverso ofrece una experiencia en línea sin fisuras en la que un único avatar puede recorrer distintos lugares, por ejemplo, desde una sala de conferencias hasta un laboratorio de investigación.

Las universidades aprovechan entornos en línea como Second Life e incluso el juego de construcción de bloques Minecraft. Pueden utilizarse para complementar las clases o para que los alumnos a distancia visiten virtualmente un campus. Las simulaciones de realidad virtual ayudan a los estudiantes de medicina y arquitectura a practicar habilidades difíciles de realizar en la vida real. El metaverso permitirá a los estudiantes tener una experiencia académica más "ciberfísica", en la que se mezclan los mundos virtual y físico. Muchos alumnos ya han tenido experiencias similares. Durante la epidemia, el aprendizaje ha pasado de ser presencial a ser online.

¿CUÁLES SON LAS PRINCIPALES TECNOLOGÍAS QUE IMPULSAN EL METAVERSO?

Las empresas se esfuerzan por hacer que el metaverso sea más envolvente. Para impulsar el entorno virtual de tercera dimensión, están utilizando tecnologías de vanguardia como el blockchain, la realidad aumentada, la inteligencia artificial, el IoT y la construcción en 3D. A este respecto, conozcamos estas tecnologías y cómo podrían utilizarse para mejorar el Metaverso.

Blockchain y criptografía

Los sistemas blockchain son esenciales para el desarrollo y la expansión continuos del Metaverso. Las empresas pueden utilizar blockchain para crear sistemas descentralizados y transparentes que proporcionen una prueba digital de propiedad, coleccionabilidad digital, transferencia de valor e interoperabilidad.

Además, las criptomonedas sirven como medio de comercio para que los usuarios transfieran valor mientras exploran e interactúan en el reino virtual 3D. Por ejemplo, los jugadores de juegos populares como Decentraland utilizan el dinero digital local MANA para comprar terrenos virtuales y otros accesorios del juego para poder seguir jugando. Lo más probable es que las personas que contribuyan al crecimiento del ecosistema del metaverso sean recompensadas con criptomonedas, de forma similar a como se compensa a los mineros por validar transacciones y añadir bloques anteriores a la cadena de bloques. Con estas posibilidades, podemos anticipar una innovación espectacular en el Metaverso basado en blockchain en el futuro.

Reconstrucción 3D

La tecnología 3D no es nueva, pero su capacidad ha crecido con el tiempo a través de varias versiones. La importancia de la reconstrucción en 3D ha crecido en varios sectores, sobre todo en el inmobiliario. La gente perdía las visitas en persona a las casas que quería comprar debido a los prolongados cierres y a las tácticas de distanciamiento social. Como remedio, las empresas inmobiliarias utilizaron la tecnología de reconstrucción en 3D para llevar a los potenciales compradores a visitar las propiedades sin que tuvieran que salir del edificio. Al igual que el Metaverso, la reconstrucción 3D permite desarrollar un mundo natural en el que los usuarios pueden deambular utilizando sus avatares para ver réplicas de estructuras y cosas reales. Los desarrolladores integran tecnologías 3D y 4K HD para mejorar su experiencia.

Inteligencia Artificial

La inteligencia artificial tiene varias aplicaciones en nuestra vida cotidiana, como la automatización corporativa, la estrategia y la planificación, el reconocimiento facial, la aceleración de la computación y mucho más. Asimismo, la IA ha hecho posible la creación de entornos virtuales inmersivos.

La IA está aportando valor a Metaverso de diversas maneras, independientemente del tipo de proyecto (juegos, comercial o nicho general), entre las que se incluyen las siguientes:

El procesamiento y la gestión de datos se vuelven más fáciles y rápidos con la IA.

En el metaverso de los juegos, la inteligencia artificial potencia a los personajes no jugadores de muchas maneras, potenciando sus acciones e interacciones.

La tecnología de IA analiza escaneos e imágenes en 3D para generar avatares más realistas y alineados con el participante real.

La tecnología también es importante para dinamizar todo el proceso del Metaverso, de modo que la experiencia del usuario sea encantadora cada vez que visite la zona.

Realidad Aumentada (AR) y Realidad Virtual (VR)

La RA y la RV son fundamentales para el Metaverso porque proporcionan a los consumidores una experiencia 3D emocionante y envolvente. Estas dos tecnologías sirven de puerta de entrada a un mundo virtual, el Metaverso, o a otros entornos digitales comparables. Pero, ¿cuál es exactamente la diferencia entre la realidad aumentada y la realidad virtual? Desglosémosla.

El mundo real se transforma mediante elementos visuales y personajes gráficos en la realidad aumentada. Las aplicaciones basadas en la RA permiten a los usuarios observar su entorno a través de atractivas imágenes digitales similares a las que se encuentran en juegos como AR Dragon y Pokemon GO. Las aplicaciones de RA son accesibles a todo el mundo con un dispositivo digital y una cámara inteligente.

La RV es muy diferente de la RA, pero se asemeja al concepto de metaverso. Genera todo un entorno digital generado por ordenador que los usuarios pueden explorar utilizando cascos de RV, guantes y sensores digitales. Las capacidades básicas de la RV y la RA representan el concepto inicial del Metaverso. Estas tecnologías están madurando con el tiempo y se espera que cambien nuestras experiencias digitales de forma regular. Además, la RV y la RA han generado mucha expectación, lo que empuja a las grandes empresas tecnológicas a participar en el desarrollo de equipos de RV y RA para apoyar las próximas iniciativas del Metaverso.

Internet de las cosas (Iot)

El Internet de las cosas, como sistema, tiende un puente entre nuestro mundo físico e Internet al permitir el envío y la recepción de datos a través de sensores. El internet de las cosas toma datos del mundo físico y los convierte en espacio virtual para el Metaverso, aumentando la precisión de las representaciones digitales. Esto significa que los flujos de datos de IoT pueden predecir cómo se comportarán los objetos en el Metaverso en función de los cambios en el entorno y otros factores. La tecnología IoT conecta el mundo virtual en 3D con varios dispositivos del mundo real, lo que permite recrear los procesos del mundo real en una infraestructura digital interoperable. Para mejorar aún más el ecosistema del Metaverso, el IoT puede aprovechar la tecnología de IA y aprendizaje automático para gestionar mejor los datos que recoge.

AUMENTO DE LA REALIDAD

La mayoría de los analistas siguen considerando el entorno de los juegos como el "punto de partida" del metaverso. En la actualidad hay muchos juegos masivos en línea, y el juego se está convirtiendo en un comportamiento de consumo generalizado, ya que alrededor del 59% de los estadounidenses se identifican como jugadores.

Los juegos son un excelente hogar para el metaverso, ya que nos inspiran a sumergirnos en mundos virtuales y a unirnos a grupos que no están limitados por la geografía. Los juegos ya ofrecen a los clientes experiencias únicas en las que pueden participar. Esto se ha extendido en los últimos años, ya que Internet ha limitado la cantidad de encuentros y experiencias únicas que podemos tener en persona. Por ejemplo, el director general de Epic Games, Tim Sweeney, afirma que su empresa está invirtiendo en el metaverso, con conciertos de Travis Scott y Ariana Grande en sus escenarios de juego, así como una reimaginación inmersiva del emblemático discurso "I Have a Dream" de Martin Luther King Jr. Epic Games también está trabajando en la creación de seres humanos digitales con el creador Metahuman, demostrando cómo los usuarios pueden construir avatares de sí mismos para sumergirse más en el mundo digital.

Otro ejemplo de metaverso establecido en un entorno de juego es Roblox. El sitio web, creado en 2004, contiene una gran cantidad de juegos generados por los usuarios en los que los jugadores pueden construir casas, actuar en situaciones únicas y construir residencias. Tras su salida a bolsa, el director general de Roblox, David Baszucki, tuiteó para dar las gracias a todos los que ayudaron a la plataforma a dar un paso más hacia su objetivo de Metaverso. Desde entonces, Roblox ha colaborado con empresas para construir patios de patinaje virtuales y jardines abiertos en los que se pueden probar artículos de Gucci.

Aumento de la participación en experiencias virtuales

El panorama de los juegos ya cuenta con una plétora de contenidos generados por los usuarios, productos virtuales y lugares, y proporciona un punto de entrada fácil para las personas que dudan en explorar el metaverso. Las personas que ya están familiarizadas con Minecraft, por ejemplo, están deseosas de probar nuevas experiencias virtuales dentro de los juegos, como conciertos y eventos, puesto que ya están familiarizadas con el área. El entorno de los juegos tiene la ventaja adicional de ser una gran plataforma para la creación y prueba de nuevas tecnologías, como las mecánicas de RA y RV y la moderación de contenidos, las criptomonedas, etc.

Según la investigación, la participación en el metaverso ya está aumentando a una velocidad increíble en la escena de los juegos:

- El 65% de los usuarios ha participado en un evento mediático, como ver un programa de televisión en el juego, una película o un estreno en una plataforma de juegos, o asistir a un concierto en directo.
- El 69% de los usuarios ha participado en actividades sociales como socializar, conocer gente nueva o viajar a mundos digitales en un entorno de juego.
- El 72% de los usuarios ha realizado actividades económicas en el metaverso, como comprar cosas en el juego, invertir en dinero del juego, comprar en mercados virtuales o comerciar con otros jugadores.

El entorno de los juegos proporciona un punto de acceso sencillo a una amplia gama de interacciones sociales, mediáticas, económicas e incluso digitales a nivel empresarial. Ya tenemos una plétora de casos en los que los entornos real y digital interactúan con los juegos. Este solapamiento se hace cada vez más evidente a medida que invertimos en un mayor número de eventos "digitales" tras la epidemia e incorporamos a la experiencia nuevas tecnologías como la realidad extendida.

¿Hacia dónde se dirige el metaverso?

En muchos aspectos, la escena de los juegos es la base del metaverso, que prepara el camino para un futuro en el que las interacciones sociales, las comunicaciones, la cooperación en el lugar de trabajo e incluso las transacciones financieras pueden tener lugar en una plataforma metaversa.

Experiencias sociales en el metaverso

Más allá del Metaverso, las comunidades digitales existen desde hace muchos años, casi desde el inicio de Internet. Para comunicarnos con otros seres humanos, hemos utilizado desde foros en línea hasta plataformas de medios sociales y videojuegos. Desde la pandemia, las experiencias sociales se han convertido en algunos de los pilares más reconocibles del metaverso.

Muchos de nosotros acudimos al ámbito digital para recrear las relaciones interpersonales durante los periodos de alienación y bloqueo social. La comunicación con los seres queridos y los compañeros de trabajo comenzó a trasladarse a Internet, a través de una variedad de plataformas que van desde los entornos de juego hasta los centros de realidad virtual. Compañías como Epic Games han ofrecido en los últimos años lugares en los que los individuos pueden simplemente pasar el rato con sus amigos en modo "Party Royale". Animal Crossing comenzó a organizar graduaciones e incluso bodas virtuales para sus jugadores. Incluso las "fiestas de cumpleaños de Roblox" fueron muy populares, permitiendo a los individuos conectarse con otros incluso cuando no estaban físicamente allí. A medida que avancemos, es posible que seamos testigos de una gran variedad de festivales y eventos que se celebren en el metaverso, desde conciertos hasta matrimonios. Los expertos creen que, a medida que la tecnología avance, los encuentros sociales en el metaverso incorporarán más tipos de presencia virtual y conexión humana. Piense en la posibilidad de transportarse holográficamente a una celebración de cumpleaños a la que no pudo asistir. Surgirán nuevas tecnologías para mejorar la calidad de las conexiones sociales espontáneas utilizando comunicaciones ambientales y avatares humanos realistas para generar una mayor sensación de "presencia".

Actividades empresariales en el metaverso

El carácter inmersivo, abierto y completamente accesible del metaverso lo hace ideal para reproducir las relaciones humanas esenciales. Sin embargo, es importante señalar que estas relaciones podrían ir más allá de la diversión y las reuniones sociales. Las empresas que están pensando en un nuevo futuro para el lugar de trabajo también están pensando en cómo puede afectarles el metaverso.

Lo más probable es que muchas aplicaciones empresariales del metaverso comiencen como versiones mejoradas de las utilidades para el consumidor. Las empresas, por ejemplo, pueden construir increíbles mundos virtuales en los que diseñar productos, probar ideas y colaborar con sus colegas. En el lugar de trabajo, las salas de reuniones de realidad virtual y las interacciones aumentadas por la RM y la RA ya son cada vez más frecuentes. Un número cada vez mayor de empresas de diversos sectores utilizan ya los principios de la realidad extendida y el metaverso para reunir a profesionales y trabajadores en un entorno híbrido.

El metaverso también proporcionará más opciones fantásticas para el aprendizaje y la formación en línea en el lugar de trabajo, permitiendo a las personas sumergirse en experiencias únicas en las que podrán desarrollar la memoria muscular y nuevas habilidades. Incluso podremos asistir al desarrollo de paisajes virtuales en los que las personas podrán utilizar más fácilmente herramientas para optimizar su flujo de trabajo tanto dentro como fuera de la oficina. Microsoft y Accenture ya han experimentado con la creación de espacios de trabajo virtuales para la colaboración, y Facebook (Meta) Horizon ofrece espacios de trabajo virtuales a través de auriculares.

Medios de comunicación y entretenimiento en el metaverso

Dado que los juegos son la base del metaverso, es lógico que el panorama del entretenimiento y los medios de comunicación también se beneficie de este entorno. El entretenimiento en el metaverso es ya una noción muy extendida, con numerosos eventos virtuales compartidos como conciertos y celebraciones que tienen lugar en entornos como Minecraft, Roblox y lugares similares. El metaverso fue una herramienta fundamental para que muchos organizadores de eventos mantuvieran a la gente vinculada en un mundo en el que las actividades en persona ya no eran viables. Los clientes pueden ver los partidos de la NFL desde la banda en realidad virtual o visitar exposiciones virtuales en el Museo de Historia Nacional. También hemos asistido a conciertos e incluso a estrenos mundiales en la Quincena.

En el futuro, los eventos virtuales en el metaverso ya no se limitarán al ámbito de los consumidores. También se espera que diversos grupos profesionales hagan uso de la tecnología. Los futuros encuentros mediáticos en el metaverso fusionarán las interacciones en persona con los eventos gemelos digitales en el mundo virtual para ofrecer más experiencias híbridas a las personas que no pueden acudir a los lugares de las conferencias. El futuro de los eventos metaversos nos permitirá participar completamente en experiencias de eventos a distancia, comunicándonos con otros asistentes, comprando productos en tiempo real e incluso intercambiando información con personas con las que deseamos conectar en el futuro. El avance de capacidades como el 5G será fundamental para permitir las interacciones en tiempo real entre los asistentes a los eventos en persona y en línea.

La economía del metaverso

El desarrollo de nuevas y mejores economías es una de las perspectivas más prometedoras para el futuro del metaverso. Ya estamos viendo indicios de estos nuevos mercados, en los que tanto las empresas nativas digitales como las convencionales están conectando con los clientes a través de la realidad virtual y aumentada, así como la distribución de nuevos productos digitales. En los últimos años, las tiendas de moda han apostado por el metaverso. Burberry se asoció con Elle Digital en Japón para crear una réplica digital de una de sus tiendas en la que los compradores podían navegar y comprar. DressX cambió la forma de comprar ropa al permitirles probarse y comprar prendas digitales para sus avatares en línea.

Las empresas han creado incluso "gemelos digitales" de cosas para el ámbito de Internet. Por ejemplo, en Roblox, los jugadores pueden canjear equivalentes virtuales de cosas del mundo real, como un gemelo digital de una pistola Nerf. El uso de dinero real para comprar productos y servicios digitales es quizás el ejemplo más básico de una economía metaversa. Hay varios ejemplos de comunidades de juego en las que los jugadores pueden comprar "cajas de botín", skins para avatares y mercancías virtuales. Fortnite es un ejemplo especialmente conocido de esto. Algunas personas incluso venden sus habilidades para la creación de arte virtual o permiten a los clientes comprar una o dos horas de su competencia en un juego. La conexión entre las economías digital y física es cada vez más importante. La gente puede comprar cosas tangibles en un mundo virtual utilizando experiencias de comercio electrónico (como el ejemplo de Burberry). Las empresas del sector inmobiliario pueden utilizar la realidad virtual para mostrar a los consumidores una propiedad antes de que la compren, mientras que las agencias de viajes pueden ofrecer a los compradores información sobre una experiencia vacacional.

El mercado inmobiliario digital suele considerarse un medio prometedor para ampliar la economía metaversa. Los clientes ya están participando en la compra y venta de inmuebles en el metaverso. Un juego de realidad aumentada de 2020 permite incluso ganar dinero comprando y vendiendo casas. En el mundo virtual, los lugares digitales pueden incluso ser comprados, creados y disfrutados por sus propietarios. La participación temprana de las marcas en forma de asociaciones y patrocinios ilustra la importancia potencial de la economía metaversa. Por ejemplo, The North Face vende copias de su ropa en Pokémon Go, mientras que Wendy's tiene su propia marca en Fortnite.

La evolución de las economías digitales

A medida que nuestros mundos virtual y real se entrelazan de forma más agresiva, existen varias posibilidades de que la economía digital del metaverso evolucione. Por ejemplo, a medida que más individuos se unen a grupos con avatares virtuales o digitales de sí mismos, hay una probabilidad significativa de que más "artículos virtuales" reciban atención. La compra de un costoso vestido de diseñador puede venir acompañada de un gemelo digital para usarlo con su avatar virtual. A la inversa, las compras realizadas en el ámbito digital podrían influir en nuestras posesiones reales. Por ejemplo, una persona puede comprar un bolso en una tienda virtual y hacer que se lo entreguen a su avatar y a su casa del mundo real al mismo tiempo.

Aunque el progreso de la economía metaversa puede verse de diversas maneras, probablemente el ejemplo más intrigante en este momento es la creación de las NFT. La posibilidad de que todo el mundo tenga más influencia sobre su paisaje digital a través de un entorno descentralizado y abierto es un componente clave del metaverso. En este contexto, los creativos están presionando para encontrar más formas de comercializar sus inventos en lugar de permitir que esas creaciones caigan en manos de las grandes empresas. Las NFT desempeñan un papel fundamental en esta batalla.

Las fichas no fungibles son una noción del pilar "blockchain" del metaverso. Los clientes pueden utilizar un NFT para verificar su propiedad de artículos digitales y apoyar a los artistas y productores digitales de una forma que nunca antes había sido posible. En el pasado, los artistas han tenido muchas dificultades para comercializar sus creaciones debido a la naturaleza de la Web 2.0 (nuestro actual ecosistema en línea), en la que la mayor parte del dinero y las ventajas se reparten entre unas pocas entidades importantes, como Google o Amazon. Los creadores volverán a tener más oportunidades en el metaverso para poseer y compartir sus propias e importantes herramientas sin que un intermediario saque tajada. La invención y la agencia del usuario son componentes críticos del metaverso, y la innovación de personas individuales ya ha aumentado la participación en una variedad de situaciones. Por ejemplo, Roblox se basa en la capacidad de los usuarios comunes para crear y compartir juegos.

Hay más de 9,5 millones de desarrolladores en la plataforma, y los contenidos generados por los usuarios representan más de la mitad de todo el dinero gastado en el juego en todo el mundo. Se trata de una fantástica visión de cómo el metaverso y la incipiente economía de la Web 3.0 pueden proporcionar a la gente corriente más poder y posibilidades de ganar dinero.

Los linchadores impulsan la evolución del metaverso

53

Dado que la innovación tecnológica es más rápida que nunca, el metaverso avanza a un ritmo asombroso. Nos hemos visto obligados a gastar sustancialmente en nuestras vidas digitales, debido en gran parte a la epidemia, para complementar y aumentar los limitados entornos físicos. A medida que avanzamos hacia el metaverso, el avance de diferentes ejes tecnológicos, como:

Tecnología de realidad extendida

Los usuarios pueden acceder al metaverso a través de la realidad virtual, salvando la aparente división entre los reinos digital y físico. Las personas, los objetos y los paisajes virtuales nos permitirán explorar entornos completamente nuevos y hacer que las experiencias sean más accesibles para todos. En la realidad virtual, la gente podrá asistir a eventos, comprar y conocer cosas nuevas. Por otra parte, la realidad aumentada y mixta nos permitirá mejorar nuestra experiencia en el mundo real como nunca antes. Incluso los accesorios del panorama XR, como las herramientas de retroalimentación háptica, nos permitirán superar las distancias de conexión y sentir los apretones de manos y los abrazos de nuestros contactos estén donde estén.

Conectividad mejorada

La creación de una experiencia metaversa inmersiva requiere la capacidad de reducir la latencia entre nuestros mundos digital y real. Soluciones como la 5G, que permiten experiencias de realidad virtual y aumentada más realistas, serán fundamentales en el futuro. La mejora de la conectividad y el uso más eficaz del ancho de banda digital serán fundamentales para el éxito del metaverso. También habrá que averiguar cómo gestionar los enormes volúmenes de datos que deben procesarse cada día en este nuevo entorno de forma ecológica y eficaz. Las empresas ya están investigando formas innovadoras de generar energía sostenible para alimentar el metaverso y las experiencias que lo acompañan.

Paisajes de desarrollo mejorados

El metaverso es un ecosistema centrado en el ser humano que pretende ser abierto, interoperable y universal. Esto requerirá un acceso sencillo a las perspectivas de desarrollo para todo tipo de constructores y creativos. Las soluciones tecnológicas de bajo código y sin código ya proporcionan un mayor acceso a las posibles oportunidades del metaverso.

Además, las empresas están desplegando cada vez más sistemas abiertos y accesibles para la producción de paisajes de realidad extendida. En un mundo ideal, estos entornos abiertos también estarán estandarizados y serán interoperables, lo que permitirá que cualquier componente del metaverso se vincule con cualquier otra sección sin temor a que se produzcan conflictos de funcionalidad. Sin embargo, los expertos prevén que la estandarización y la compatibilidad reales llevarán algún tiempo.

Pocos retos

El Metaverso es, sin duda, el avance más significativo en el mundo de la realidad virtual, y alterará nuestra experiencia de Internet y las interacciones en los medios sociales. Sin embargo, el metaverso está todavía en sus primeras fases de desarrollo. El metaverso, como cualquier tecnología nueva, tiene varios inconvenientes potenciales. Si bien el metaverso ofrece varios beneficios a las empresas de diversos sectores.

Todavía quedan varios obstáculos por superar:

- **Reputación e identidad** - Cuando se trata del mundo real, la cuestión de la identidad personal y la representación es bastante fácil. Pero, cuando se trata de mundos virtuales, o del Metaverso, cabe preguntarse cuáles serán las piezas que componen la propia identidad. Y, lo que es más importante, cómo demostrar que uno es quien dice ser, y no otra persona o incluso un ordenador que intenta imitar su existencia.

- **Seguridad de los datos** - A pesar de que las empresas y organizaciones reinventan constantemente sus sistemas de seguridad informática, la privacidad y la seguridad de los datos han sido durante mucho tiempo una fuente de ansiedad para los usuarios de cualquier entorno en línea. Sumergirse en el metaverso requerirá la evolución de las técnicas de seguridad a un nivel completamente nuevo, para poder seguir el ritmo de la expansión del metaverso.

- **Moneda y sistemas de pago - En lo que respecta** a las transacciones, independientemente de la moneda o de la estructura del mercado, será muy importante crear un nuevo mecanismo de verificación de las transacciones. El problema será convencer a los usuarios de que pueden confiar y, lo que es más importante, sentirse seguros al realizar cualquier intercambio dentro del metaverso.

- **Cuestiones legales -** El metaverso está destinado a reunir a un gran número de usuarios, lo que lo convierte en un lugar de enorme potencial para comunicarse e intercambiar, pero también hace que las personas sean vulnerables si no hay normas que controlen los límites. Identificar la jurisdicción y promulgar normas que garanticen que el entorno virtual es seguro para sus usuarios será un problema importante. Aunque todas estas dificultades son urgentes, las empresas del metaverso deberían ser capaces de resolverlas a medida que la tecnología evoluciona y se desarrolla.

CAPÍTULO 4: EL METAVERSO EN EL MUNDO DEL TRABAJO, CÓMO LAS RELACIONES PODRÍAN CAMBIAR NUESTROS HÁBITOS

El metaverso marcará el futuro del trabajo

Dado que no existe una única definición de metaverso y que habrá muchos metaversos en competencia que transformarán nuestra experiencia de las redes sociales, el comercio electrónico y el modo en que colaboramos y realizamos transacciones en línea, es extremadamente crucial que los gobernantes empiecen a comprender las profundas formas en que este nuevo paradigma tecnológico está llamado a impactar radicalmente en el futuro del trabajo.

Los metaversos son mundos digitales 3D inmersivos construidos sobre experiencias de juego de realidad virtual. Muchas de las características de un metaverso ya están presentes en juegos online multijugador como Fortnite, como la posibilidad de comprar y vender mercancía digital mediante tokens y criptomonedas. Muchas de las principales firmas de moda del mundo, por ejemplo, ya están experimentando con diseños de ropa sólo digitales que los usuarios "llevan puestos." Los metaversos son más grandes que los juegos en línea cerrados, ya que permiten a los usuarios entrar utilizando sus identidades de la vida real y utilizar estas plataformas para trabajar, comprar, jugar y socializar. Los metaversos prometen ofrecer a las empresas reuniones inmersivas más realistas y, por tanto, más productivas, gracias a los auriculares de realidad virtual 3D. Microsoft ya está desplegando Mesh para

Microsoft Teams con el fin de hacer que las colaboraciones en línea sean más agradables y exitosas al permitir que la gente se involucre de maneras menos impersonales, como por ejemplo intercambiando el lenguaje corporal, teniendo discusiones en el refrigerador y participando más en las reuniones de equipo.

Una mejor comprensión

Para comprender cómo los metaversos transformarán el futuro del trabajo, los ejecutivos deben comprender primero las plataformas digitales que sirven de base a los metaversos. Facebook pretende construir su metaverso como un "jardín amurallado" centralizado y cerrado, lo que significa que pretende poseer y beneficiarse de todos los datos de los usuarios creados por él. Ya se están creando tipos alternativos de metaverso, que serán abiertos y descentralizados, con el objetivo de salvaguardar los derechos y la privacidad de quienes vivirán y utilizarán la tecnología.

El contraste entre lo "abierto" y lo "cerrado" es importante para entender cómo está creciendo Internet y, en consecuencia, afecta a la naturaleza fundamental del empleo. Dado que muchos metaversos serán abiertos y descentralizados, toda organización debe comprender cómo se verán afectados sus actuales modelos de negocio, aunque sean digitales. La tecnología Digital Asset Trading (DAT) de Reality Gaming Group puede tokenizar cualquier activo, incluido el material digital del juego, así como los productos del mundo real como la música, el arte y la ropa. Como resultado, las organizaciones tendrán que considerar cómo proporcionarán valor a los consumidores en un futuro en el que la propiedad intelectual se reparte entre los miembros de las comunidades metaversas. La combinación de metaversos, plataformas digitales, criptomonedas, análisis de datos y aplicaciones descentralizadas y abiertas dará lugar a una nueva encarnación de Internet, que exigirá a las organizaciones planificar nuevos tipos de empleo que aún no existen.

Una nueva arquitectura del trabajo

Antes de que esto ocurra, los líderes deben ayudar a todos en su organización a desarrollar una "visión de plataforma". Se trata de un conocimiento profundo de la lógica y los diseños de las plataformas digitales, así como de la forma en que los sistemas digitales encajan en una arquitectura lógica y adaptable en toda la empresa. Esto significa que las empresas tendrán que contratar a arquitectos de ecosistemas metaversos que sean expertos en tecnologías profundas como blockchain, inteligencia artificial, visión informática, análisis de datos, computación cuántica y redes de alta velocidad para impulsar sus iniciativas de transformación digital. Estos diseñadores tendrán que trabajar en equipos multidisciplinares formados por especialistas en marketing metaverso, branding, desarrollo de negocio e innovación que se encargarán de rediseñar las carteras de productos y servicios de su organización, así como las experiencias de los clientes en realidad virtual, además de encontrar nuevos modelos de oportunidades de mercado.

Debido a la naturaleza de los metaversos, habrá un aumento exponencial del volumen y la calidad de los datos personales recogidos y analizados. Esto requerirá la contratación de analistas del metaverso que utilizarán la inteligencia artificial y sofisticadas técnicas analíticas para complementar la toma de decisiones a nivel estratégico. Cabe señalar que la propia investigación de Facebook ha demostrado que muchos dudan de fusionar completamente su presencia en las redes sociales con su vida profesional de una forma tan potencialmente invasiva. En consecuencia, las organizaciones tendrán que entender el papel de la salud y la seguridad en los entornos digitales inmersivos, lo que significa demostrar que los datos son seguros e inhackeables por la próxima generación de ordenadores cuánticos. También tendrán que incluir la experiencia metaversa en su estructura de gobierno para que los individuos no sean sometidos a una vigilancia excesiva y a métodos de gestión de control deshumanizados.

La tecnología metaversa tiene el potencial de proporcionar nuevos métodos innovadores y creativos para que las personas se comuniquen y trabajen en línea. Sin embargo, los ejecutivos deben garantizar que esta visión del futuro del trabajo no provoque el agotamiento de los empleados como resultado de pasar demasiado tiempo en los mundos virtuales. El objetivo del trabajo híbrido ya no será lograr el equilibrio entre el mundo virtual y el real, sino el equilibrio entre el mundo virtual y el físico. Para mantener unas prácticas de trabajo metaverso saludables, RRHH tendrá que diseñar nuevas políticas de trabajo híbrido.

Los metaversos tienen el potencial de ser grandes lienzos creativos para las organizaciones, permitiéndoles concebir nuevos y extraordinarios servicios para los consumidores, así como nuevas y fascinantes formas de trabajar y colaborar para el personal. Las organizaciones que sean capaces de atraer a una nueva era de profesionales interprofesionales metaversos con talento, centrándose en la dimensión humana tanto como en la tecnológica, construyendo culturas de innovación con propósito basadas en un enfoque más humano y consciente del trabajo, prosperarán en el futuro.

Trabajar en el metaverso: Principales ventajas
Cuáles son los beneficios de hacer el trabajo en el metaverso? En 2019, esta pregunta podría ser un poco más difícil de responder. Sin embargo, como resultado de la epidemia de COVID-19, millones de personas en todo el mundo se han visto obligadas a migrar a formas de comunicación

exclusivamente digitales y a algún tipo de espacio de trabajo virtual. Trabajar en el metaverso va un paso más allá, ya que te proporciona todas las capacidades del mundo real al tiempo que elimina la mayoría de sus obstáculos y limitaciones.

Superar los retos del trabajo a distancia

Esta es la mayor ventaja de operar en el metaverso. Los usuarios del teletrabajo se quejan a menudo de su incapacidad para interpretar el lenguaje corporal y comunicarse adecuadamente. Los directivos tienen dificultades para hacer un seguimiento de la productividad del equipo. Además, existe el peligro de que se produzca una desconexión debido a la prolongada ausencia de conexiones en persona. El metaverso ofrece un lugar de trabajo virtual inmersivo en el que los avatares 3D de los empleados pueden colaborar en tiempo real.

Visualizar y resolver problemas en 3D

Algunos trabajos y retos comerciales se gestionan mejor gráficamente, pero en el mundo real esto no es posible. Los arquitectos, por ejemplo, pueden querer crear y esbozar numerosas y complejas maquetas antes de decidirse por un camino. Sin embargo, hay límites de tiempo y financieros, y a menudo se pasan por alto errores por falta de precisión. El metaverso ofrece un entorno virtual en el que se puede modelar en 3D casi cualquier cosa, y los requisitos del mundo real pueden recrearse utilizando la tecnología de gemelos digitales. Esto permite encontrar soluciones más inteligentes en ámbitos como la construcción, la arquitectura, la sanidad o las ciencias de la vida, entre otros.

Ganancia de espacio infinito e interoperabilidad

Otra de las ventajas de trabajar en el metaverso es que no hay restricciones en cuanto a la cantidad de espacio accesible o las características que puedes emplear. ¿Quiere otra pizarra? Basta con añadir una extensión (o varias extensiones) a su área actual. Del mismo modo, los espacios de trabajo virtuales del metaverso pueden hacerse compatibles con las herramientas de productividad, lo que le permite beneficiarse de experiencias de colaboración con muchas funciones sin tener que construir una infraestructura.

Eliminar la dependencia del hardware

Trabajar en el metaverso podría ser un importante motor de eficiencia para las grandes empresas. Los empleados de una oficina virtual están equipados con pizarras digitales, puestos de trabajo digitales, etc., y sus avatares 3D pueden reunirse cara a cara sin necesidad de utilizar complicados equipos de conferencia. Es posible construir todo un campus virtual en el metaverso por una fracción del coste necesario en el mundo real.

CÓMO MICROSOFT Y FACEBOOK PERMITEN TRABAJAR EN EL METAVERSO

Trabajar en el metaverso no es un concepto lejano. Empresas como Microsoft y Facebook llevan años trabajando para dar vida a sus visiones de esta tecnología, lo que se traduce en lo siguiente:

- **Horizon Workrooms -** Horizon Workrooms puede descargarse a través de Oculus Quest2. Facebook ya utiliza el programa, que ha sido relanzado recientemente como Meta Horizon Workrooms.
- **Mesh for Teams -** En lugar de un flujo de cámara, ahora puedes utilizar Microsoft Mesh para construir avatares 3D habilitados por la IA de ti mismo para su

uso durante las reuniones. Veremos el lanzamiento de lugares de trabajo metaversos a gran escala en la primera parte de 2020.

Aparte de eso, numerosas empresas prometedoras de RX y RV están desarrollando espacios de trabajo 3D inmersivos y herramientas de colaboración, pero con un alcance un poco más estrecho que un auténtico metaverso. MeetinVR, Somnium Space, Glue y otras son algunas de ellas.

¿SE CENTRA LA REALIDAD VIRTUAL EN EL METAVERSO?

¿Es el "metaverso" una nueva versión de la realidad virtual?

Hay un montón de fantásticas gafas de realidad virtual disponibles. El Oculus Quest 2 es fantástico. Es el futuro de la realidad virtual, y juegos de RV como Beat Saber te convencerán de su valor. Pero, seamos sinceros, cuando Mark Zuckerberg habla del metaverso, en realidad está tratando de renombrar la realidad virtual. No, no se trata sólo de jugar o utilizar aplicaciones sociales en un auricular Oculus VR; ¡también se trata de acceder al metaverso!

el caso a Vanity Fair en 2017, señalando que para ese tipo de visión se requería realidad virtual (RV) y no realidad aumentada (RA). Si estás en una aplicación de RA, estás donde estás. Estás en tu mundo físico, viendo todo lo que te rodea con regularidad, pero hay algo más. Así que la RV tiene la capacidad de transportarte a un mundo ficticio completamente distinto: el tipo de cosas que se representan en el Metaverso de Snow Crash. Cuando entras en el metaverso, te encuentras en la calle, en el Sol Negro, y tu entorno desaparece. En la novela, Hiro vive en un contenedor destartalado, pero cuando viaja al metaverso, es una persona importante con acceso a bienes inmuebles de alta gama.

Quizá el metaverso sea la nueva "web 2.0"

¿De eso se trata el metaverso? ¿Una gran simulación digital alternativa a la que podemos acceder a través de auriculares de RV y fingir que vivimos una vida maravillosa mientras habitamos en "contenedores de transporte destartalados" mientras el planeta se descompone a nuestro alrededor, como en la novela? De ninguna manera, al menos no según Mark Zuckerberg.

Esto es lo que dijo a *The Edge of collapse*:

El metaverso es un concepto que engloba múltiples negocios, toda la industria. Se puede concebir como el heredero de la Internet móvil... Se puede concebir el metaverso como una Internet encarnada, en la que uno está en ella en lugar de limitarse a observarla. Y te sientes presente con otras personas como si estuvieras en otros lugares, viviendo experiencias diversas que no necesariamente podrías realizar en una aplicación o página web en 2D, como por ejemplo bailar. Creo que mucha gente, cuando piensa en el metaverso, sólo piensa en la realidad virtual, que creo que será un componente esencial del mismo... Sin embargo, el metaverso es más que la simple realidad virtual. Estará disponible en todas las plataformas informáticas, incluidas la RV y la RA, así como en el PC, los dispositivos móviles y las consolas de juegos...

Zuckerberg no cesa de argumentar que "el metaverso" será la próxima gran cosa y que, "en los próximos cinco años más o menos", Facebook será conocida como una "empresa metaversa" en lugar de una empresa de medios sociales. La noción de "metaverso" parece tener más en común con la "Web 2.0" para Zuckerberg y otros directores generales de tecnología. Se trata de un conjunto de nuevas tecnologías: ¡Cabezas de realidad virtual! ¡Presencia! ¡Mundos digitales que duran! Considera la posibilidad de asistir a una reunión de oficina en realidad virtual mientras trabajas desde casa, pero no te preocupes, puedes evitar los auriculares de realidad virtual y participar en tu ordenador portátil si lo prefieres. Si tenemos en cuenta que Facebook es propietaria de Oculus, el objetivo de la empresa de promover agresivamente una futura plataforma basada en la RV tiene mucho sentido.

EL METAVERSO CONTRA LA REALIDAD VIRTUAL. REALIDAD VIRTUAL: ¿CUÁL ES LA DIFERENCIA?

Las conexiones entre el metaverso y la realidad virtual son difíciles de pasar por alto si se lee algo al respecto. Sin embargo, existen algunas diferencias significativas. He aquí seis puntos cruciales que debes comprender si quieres entender las diferencias entre la realidad virtual y el metaverso.

1. La realidad virtual está bien definida, el metaverso no

La principal diferencia entre la realidad virtual y el metaverso es que, mientras que la RV se entiende perfectamente en la actualidad, el metaverso no. El metaverso, según Mark Zuckerberg, es "una Internet encarnada en la que estás dentro de ella en lugar de simplemente observarla". Según una reciente declaración de Microsoft, es "un entorno digital persistente poblado por gemelos digitales de personas, lugares y objetos".

Cuando se comparan con nuestro concepto de realidad virtual, estas descripciones son algo borrosas. También es probable que ni siquiera las empresas de TI tengan una descripción completa. Según Facebook, la decisión de cambiar de nombre fue un componente clave de la evolución del metaverso. Deseaban un nombre que transmitiera con mayor precisión en qué estaban trabajando. Sin embargo, no es ni mucho menos la única justificación razonable para hacerlo. Facebook tiene un problema de imagen. También es plausible afirmar que el metaverso no es más que un eslogan para los avances técnicos de la Internet actual.

2. Facebook no es dueño de ninguna de las dos tecnologías

Otro posible problema del metaverso es quién lo define. Facebook, como propietario del Oculus Rift, tiene un impacto significativo en el desarrollo de la realidad virtual. Sin embargo, sólo es un participante en un gran negocio. Lo mismo puede decirse del metaverso. Aunque Facebook ha cambiado su nombre por el de Meta, no es la única corporación comprometida. Microsoft, por ejemplo, acaba de lanzar Microsoft Mesh, su versión de una plataforma de realidad mixta que tiene paralelismos con el metaverso y sus múltiples definiciones. Además, un reciente comentario de Facebook da a entender que se consideran a sí mismos como constructores de un componente del metaverso y no del metaverso en sí. Esto implica que, al igual que la RV, el metaverso será mayor que una sola empresa.

3. El metaverso incluye un mundo virtual compartido

El metaverso es un reino virtual compartido en el que la gente puede entrar a través de Internet. De nuevo, esto es claramente algo que los cascos de RV ya permiten realizar. El espacio virtual del metaverso se parece mucho al mundo virtual de las aplicaciones de realidad virtual. Se utilizarán avatares personales para identificar a los usuarios, que se comunicarán entre sí en entornos virtuales. También podrán comprar o crear objetos y lugares virtuales, como los NFT. La distinción clave es que, aunque los anteriores mundos virtuales tienen un tamaño restringido, el metaverso parece permitir el acceso a todo Internet.

4. El metaverso será accesible en realidad virtual

No será necesario utilizar un casco de realidad virtual en el metaverso. Sin embargo, se espera que los usuarios de auriculares tengan acceso a una parte importante del servicio. Como resultado, es probable que se desvanezca la distinción entre navegar por Internet y utilizar la realidad virtual. Los cascos de RV podrían empezar a utilizarse para tareas que actualmente se realizan en los smartphones. Si el metaverso se hace tan popular como prevé Facebook, la RV dejará de ser un producto de nicho.

5. El metaverso no se limitará a la tecnología de RV

Sin embargo, como ya se ha dicho, el metaverso no se limitará a la realidad virtual. En su lugar, estará disponible a través de gadgets de realidad aumentada, así como de cualquier dispositivo que pueda conectarse a Internet. Esto permite una serie de características que no se podrían conseguir sólo con la realidad virtual. La realidad aumentada, por ejemplo, permitirá proyectar características del metaverso en el mundo real. También se pretende que los lugares virtuales sean accesibles desde cualquier lugar, sin necesidad de auriculares.

6. El metaverso es potencialmente mucho más grande que la RV

La realidad virtual se utiliza cada vez más en la educación, el tratamiento y el deporte. Sin embargo, quizá sea más reconocida como un tipo de entretenimiento. En términos de alcance, el metaverso se parece mucho más a una versión nueva y mejorada de Internet. Se prevé que transforme el modo en que la gente trabaja, utiliza las redes sociales e incluso navega por la red, lo que implica que, si bien mucha gente descartó la realidad virtual, es poco probable que ocurra lo mismo con el metaverso.

¿SUSTITUIRÁ EL METAVERSO A INTERNET?

La realidad virtual no ha tenido el impacto en el mundo que algunos predijeron. La gente tiene un límite en cuanto al tiempo que quiere pasar con un casco. El metaverso, al que pueden acceder tanto los que tienen auriculares de RV como los que no, no tendrá este problema. Por ello, algunos creen que tendrá una influencia considerablemente mayor. Al mismo tiempo, es poco probable que el metaverso sustituya completamente a Internet. Los auriculares de realidad virtual son una intrigante alternativa a las pantallas de ordenador. El metaverso será una alternativa fascinante a Internet. Sin embargo, ninguno de los dos pretende ser una alternativa.

LA PANDEMIA HA ACELERADO ESTA TECNOLOGÍA

La epidemia de COVID-19 está alimentando la noción del "metaverso", un amplio entorno compartido en línea, según un destacado director general de juegos. El brote de coronavirus, que obligó a millones de personas a permanecer en casa, parece haber provocado una afluencia de nuevos jugadores, personas que serán necesarias para poblar las comunidades virtuales del futuro.

"COVID-19 ha acelerado el viaje hacia el metaverso", dijo el director general en una entrevista con el South China Morning Post. "Aquellos que no habrían sido jugadores en el pasado se han convertido de repente en jugadores... predecimos que los primeros residentes del metaverso serán jugadores". El metaverso carece de una definición clara, aunque suele considerarse un entorno digital en 3D, permanente y en constante expansión, que se apoya en tecnologías como la realidad virtual para permitir a las personas vivir como avatares. Se inspiró en la novela de ciencia ficción de 1992 Snow Crash y se utilizó como tema en la película de Steven Spielberg de 2018 Ready Player One. Es una visión que ya no se limita a la ciencia ficción, con plataformas como Fortnite que ya fusionan el juego con otros tipos de medios y entretenimiento, y que normalizan las experiencias compartidas por millones de jugadores en todo el mundo.

Mientras que juegos como Minecraft y Roblox han recibido el reconocimiento por sus contribuciones al concepto de universos compartidos, Fortnite ha sobrepasado los límites en los últimos años con el uso de eventos en vivo dentro del juego, incluyendo el estreno del tráiler mundial de la nueva película de Christopher Nolan, Tenant, el debut de una escena de Star Wars: The Rise of Skywalker y la revelación musical de Astronomical de Travis Scott, todos los cuales fueron vistos por más de 12,3 millones de jugadores simultáneos. El CEO de Epic Games, los creadores de Fortnite, ya ha hablado sobre cómo ve la evolución del metaverso. En una entrevista concedida en julio a GameMakers, afirmó que el concepto es anterior a las redes sociales y que, en su mayoría, es improvisado.

El metaverso funcionará como un medio social 3D en tiempo real. En lugar de intercambiar mensajes y fotografías con los demás de forma asíncrona, estarán juntos y en un entorno virtual, participando y disfrutando de emocionantes experiencias que pueden ir desde el simple juego hasta las totalmente sociales". Será un medio altamente interactivo como no hemos visto antes. Aunque Fortnite, Minecraft y Roblox tengan componentes de ello, aún estamos muy lejos de tener la cosa "No se limita a un solo producto o fuente de ingresos de una empresa. Debe tener una economía; si no hay una economía que apoye esta cosa, las empresas no podrán... proporcionar el material que crea el mundo. La gente no podrá sacar provecho de sus esfuerzos, y será simplemente otra corporación tecnológica que toma el dinero de otro negocio.

Muchos de nosotros desearíamos poder retroceder el reloj y volver a una época más sencilla, antes de que los términos "COVID-19" y "pandemia" estuvieran muy extendidos. ¿No sería increíble que existiera un mundo en el que tocar a un desconocido no te pusiera en peligro de contraer una enfermedad posiblemente mortal? La gente añora la vida antes de que la epidemia de coronavirus interrumpiera la vida social tal y como la conocíamos. Resulta que tiene algo de ese poder, y nuestro deseo de escapar de un planeta plagado de pandemias nos hace avanzar hacia una realidad alternativa libre de enfermedades. Por supuesto, me refiero al hecho de que todos nos dirigimos al metaverso para hacer prácticamente todo lo imaginable, tanto exótico como mundano. Aunque no lo sepamos, la pandemia ha tenido un impacto significativo en el mercado inmobiliario del metaverso.

1. La pandemia convirtió el trabajo en una situación de "lo harán o no lo harán"

Desde los cierres iniciales de la pandemia en Estados Unidos en la primavera de 2020, las empresas han estado en su mayoría en un "lo harán o no lo harán" en términos de reanudar el trabajo físico. Obviamente, algunas empresas no pueden funcionar sin personal físico, pero para aquellas que tienen trabajadores de oficina y otros que pueden trabajar desde casa, la discusión sobre cuándo es seguro volver al trabajo, y si la gente debe volver a trabajar a tiempo completo en absoluto, continúa. Los propietarios de las empresas afirman que mantener a los empleados en un solo lugar los hace más eficientes y capaces de cooperar de forma espontánea, pero los trabajadores tienen la mayoría de las cartas con la escasez de mano de obra en su punto más alto. Todavía no están seguros de querer volver a trabajar en entornos comunes con personas que puedan estar infectadas por el COVID-19.

El metaverso es un compromiso firme en el que se puede confiar a largo plazo, independientemente del estado de COVID de otros empleados. Por ejemplo, eXp Realty lleva celebrando reuniones virtuales en un espacio metaverso desde 2016, repleto de salas de conferencias, ubicaciones para que los agentes se desplacen y muchas oportunidades para establecer contactos y mezclarse. Si los agentes inmobiliarios, que se encuentran entre los seres más sociables del planeta, pueden averiguar cómo trasladar el empleo del mundo real al ámbito virtual, cualquiera puede hacerlo.

2. Los niños faltan mucho a la escuela debido a la exposición al COVID

La escuela es un tema controvertido, y aunque hay varias opiniones sobre cómo debería o podría manejarse durante esta epidemia, lo cierto es que es fundamental para cualquier conversación relativa al futuro del metaverso. Durante 2021 se ha ordenado a los estudiantes que vuelvan a casa en cuarentena debido a la probable exposición al COVID-19 por parte del personal y de otros estudiantes. Este tipo de comportamiento perturba su aprendizaje y dificulta que los niños cumplan los objetivos fijados en sus clases.

¿Y si sus instituciones educativas se trasladaran a Internet? ¿No como simples tableros de debate sin interés, sino de una manera que simule la experiencia del mundo real? Aunque Second Life, una de las primeras empresas de mundos virtuales, no logró atraer a educadores y estudiantes a principios y mediados de la década de 2000, los tiempos eran diferentes, y ni los estudiantes ni los instructores eran los nativos digitales que son ahora, 14 años después del pico de usuarios de Second Life. Roblox, por su parte, está dando otra oportunidad, anunciando recientemente un fondo de 10 millones de dólares para ayudar al crecimiento del aprendizaje en línea para cualquiera en el sector STEM. Su objetivo es llegar a 100 millones de estudiantes de K-12 en todo el mundo para 2030, pero actualmente está llevando a cabo programas educativos con unos 7 millones de niños inscritos, lo que demuestra que la escuela metaversa es una realidad.

3. Los conciertos sólo se cancelan en el mundo real

Los conciertos en línea y otros eventos sociales han regresado tímidamente, aunque con el gran peligro de la cancelación en el último minuto. Sin embargo, este no es el caso del asombroso número de personas que están migrando al metaverso. Antes de la epidemia, sólo el 45% de las personas había asistido a un evento virtual, como un concierto o una experiencia, ahora el 87% ha probado al menos uno. Los eventos virtuales son un puente estupendo para la gente que echa de menos la pura adrenalina de estar en un anfiteatro lleno con otras personas que tienen el mismo interés que ellos. No sólo protegen a los asistentes de la exposición al COVID, sino que también protegen a los artistas y a los trabajadores del evento. Cuando no hay personas reales involucradas, no es necesaria la distancia social, pero se sigue recibiendo toda la emoción de un concierto, actuación o evento casi real. Muchas personas están tratando de encontrar su lugar en una sociedad en la que el mero hecho de asistir a un evento y estar cerca de alguien con COVID podría dejarles en cama durante dos semanas, si no más. Los eventos virtuales eliminan todo el riesgo y conservan toda la recompensa.

EL METAVERSO ERA INEVITABLE, PERO LA PANDEMIA AYUDÓ

No cabe duda de que el metaverso como espejo de la vida real era inevitable, con amigos y familiares siempre huyendo en busca de mejores profesiones, oportunidades de tener una casa y otras ambiciones. Las redes sociales son fantásticas para mantenerse en contacto, pero tienen ciertos defectos. El remedio a ese dilema ya era un mundo espejo en el que las cosas son tan reales como uno quiera, pero mientras fuera seguro y sencillo de visitar, sólo unos pocos investigaron el metaverso como alternativa social. Resulta evidente que la epidemia aceleró el plazo de adopción del metaverso, al igual que ocurrió con revoluciones de innovación ya establecidas pero en expansión, como el comercio electrónico. Todo el mundo está buscando métodos para utilizar las plataformas metaversas con el fin de satisfacer las demandas sociales que no han sido satisfechas en el hogar, el trabajo y la escuela. Esto significa que cualquiera que invierta sabiamente en estos nuevos y valientes reinos tendrá una gran oportunidad.

CAPÍTULO 5: QUÉ SE PUEDE COMPRAR EN EL METAVERSO, TIERRA, NFT, COLECCIONABLES

Tierra virtual en el metaverso

No es ningún secreto que el mercado inmobiliario está en auge, pero la epidemia de Covid está provocando una fiebre de terrenos más baratos. De hecho, algunos inversores están gastando millones de dólares por parcelas que no están en Nueva York ni en Beverly Hills. En realidad, las parcelas no existen en el mundo físico. Más bien, el continente se encuentra en línea, en una red de mundos virtuales conocida como el metaverso por los informáticos. Los precios de las parcelas han subido hasta un 500% en los últimos meses, tras el anuncio de Facebook de que iba a apostar por la realidad virtual, cambiando incluso su nombre comercial por el de Meta Platforms.

El metaverso es la nueva generación de medios sociales. Puedes ir a una feria, a un evento musical o a un museo. Las personas reales participan en estos mundos virtuales como personajes de dibujos animados conocidos como avatares, como en un videojuego multijugador en tiempo real. Ahora se puede acceder a estos mundos a través de una pantalla de ordenador estándar, pero Meta y otras empresas tienen la ambición a largo plazo de crear mundos inmersivos de 360 grados a los que la gente accederá utilizando gafas de realidad virtual como las Oculus de Meta. En un futuro próximo, el mundo digital podría convertirse en una empresa de un billón de dólares.

Grandes artistas como Justin Bieber, Ariana Grande y DJ Marshmello actúan como sus propios avatares. Paris Hilton incluso hizo de DJ en una fiesta de Nochevieja en su propia isla virtual. El Sandbox es otro entorno metaverso muy popular, donde la empresa de desarrollo inmobiliario virtual de Janine Yorio, Republic Realm, gastó la cifra récord de 4,3 millones de dólares en un bloque de propiedades virtuales. Yorio cuenta a la CNBC que su empresa vendió 100 islas privadas virtuales por 15.000 dólares cada una el año pasado. Ahora se venden por unos 300.000 dólares cada una, lo que, irónicamente, es el mismo precio medio nacional de la vivienda.

Una inversión arriesgada

Para algunos, el mundo digital es tan esencial como el físico: "No se trata de lo que tú y yo creemos, sino de lo que hace el futuro". El metaverso, al igual que el sector inmobiliario, se basa en tres cosas: ubicación, ubicación, ubicación.

Cuando se entra inicialmente en el metaverso, hay regiones en las que se congrega la gente; esas zonas serían sin duda mucho más valiosas que las zonas en las que no se celebran eventos. Sin duda, esas zonas de gran afluencia atraen a los que gastan mucho. Pensemos en el juego de mesa Monopoly. Recientemente hemos comprado el Boardwalk y el barrio adyacente. Las zonas donde se congrega la gente son mucho más lucrativas para la publicidad y las empresas que buscan formas de acceder a esa población.

Snoop Dogg, por ejemplo, está construyendo una mansión virtual en una parcela de Sandbox, y un vecino pagó recientemente 450.000 dólares para ser su vecino. Creo que es importante saber quién es tu vecino. ¿No es cierto en prácticamente todo? Es como un club, y uno quiere juntarse con otros que comparten sus intereses. La compra de terrenos virtuales es sencilla, tanto si se hace directamente a través de la plataforma como a través de un promotor. Los inversores construyen estructuras interactivas en sus terrenos. Pueden decorarlo, modificarlo y renovarlo". Todo está codificado. que invertir en inmuebles digitales es una aventura de alto riesgo Es bastante peligroso. Sólo debes invertir el dinero que estés dispuesto a perder. Es bastante especulativo. Además, está basado en blockchain. Y, como todos sabemos, la criptomoneda es bastante volátil. Sin embargo, también puede ser extremadamente lucrativo.

CÓMO INVERTIR EN EL METAVERSO

Los aficionados a la tecnología del futuro pueden invertir en la próxima frontera digital de diversas formas, entre ellas el metaverso y la criptomoneda. Empresas públicas como Meta (antes Facebook) y organizaciones autónomas descentralizadas (DAO) como la Fundación Decentraland han intentado hacer del metaverso una realidad financieramente viable. Los inversores minoristas, los jugadores, los coleccionistas digitales y los desarrolladores tienen acceso a fuentes de ingresos totalmente nuevas. Sin embargo, hay que tener en cuenta que el metaverso está todavía en sus inicios y su propuesta de valor aún no ha sido validada. Cualquier inversión en el metaverso debe considerarse muy especulativa y peligrosa.

ACCIONES DEL METAVERSO

Invertir en empresas que cotizan en bolsa y cuyos métodos de negocio o rentabilidad están vinculados al metaverso es la opción menos volátil para los inversores ordinarios que quieren entrar en el metaverso.

La lista incluye:

- **Meta Platforms Inc (NASDAQ: FB)** - En octubre, Mark Zuckerberg declaró que la empresa antes conocida como Facebook Inc. pasará a llamarse Meta Platforms Inc. Desde su presentación se ha lanzado Horizon Worlds, la plataforma de metaverso de realidad virtual de Meta. El casco de realidad virtual Oculus Quest 2 de Meta fue también uno de los regalos navideños más populares. Sin embargo, está por ver si el aumento de las compras de auriculares se traducirá en un incremento de los usuarios de Horizon Worlds.

- Roblox **(NYSE: RBLX)** - Roblox es una plataforma de creación e intercambio de mundos virtuales que permite a los jugadores construir y compartir mundos virtuales con otros usuarios de Roblox. Roblox se ha desarrollado considerablemente desde sus inicios en 2006, con 9,5 millones de creadores independientes, 24 millones de experiencias digitales únicas y 49,4 millones de usuarios activos diarios, lo que supone un aumento del 35% año tras año. A pesar de estas cifras, la empresa aún no ha obtenido beneficios.

- Boeing **(NYSE: BA)** - Boeing está utilizando el metaverso para aumentar y mejorar sus capacidades de fabricación. En una entrevista con Reuters, el ingeniero jefe de Boeing, Greg Hyslop, declaró que la empresa pretende desarrollar un entorno digital propio en el que su personal humano, informático y robótico pueda interactuar y cooperar sin problemas en todo el mundo.

- Microsoft **(NASDAQ: MSFT)** - Microsoft pretende hacerse un hueco en el metaverso profesional. Mesh para Microsoft Teams estará disponible en 2022, según la empresa. Las personas podrán crear avatares individualizados y trabajar en un mundo holográfico en 3D que trascienda las fronteras geográficas gracias a la incorporación de la popular plataforma de videoconferencia. El holotransporte, un mecanismo que permite a los usuarios acceder al entorno digital descrito anteriormente con un auricular de RV, será un elemento fundamental de Microsoft Mesh. El usuario aparece como una versión digital realista de sí mismo, con la capacidad de comunicarse con los miembros del equipo en tiempo real. Business Insider informó el 2 de febrero de 2022 de que Microsoft ha detenido el desarrollo de un casco de realidad aumentada centrado en el comercio con capacidades metaversas debido a la "falta de un enfoque coherente". Queda por ver cómo puede afectar este hecho a sus operaciones metaversas orientadas a las empresas.

TIERRA DEL METAVERSO

A pesar de que el metaverso está todavía en sus inicios, plataformas como The Sandbox y Decentraland ya han comenzado a vender bienes inmuebles digitales en forma de tokens no fungibles (NFT), que son tokens digitales en redes blockchain que pueden representar una amplia gama de bienes únicos. Cuando una persona compra un terreno en el metaverso, la red de blockchain que impulsa la plataforma del metaverso valida la transacción y la transferencia de la propiedad. Tras adquirir un inmueble virtual, el propietario del terreno metaverso NFT puede alquilar, vender o construir en su propiedad digital. Atari, una empresa japonesa de videojuegos, ha adquirido 20 propiedades digitales en Decentraland y ha establecido su propio criptocasino. Los jugadores pueden hacer apuestas y ganar ganancias en criptografía libre de impuestos utilizando su propio token nativo de Atari basado en ERC20. Atari también ha declarado que pretende crear su propio complejo hotelero virtual en 2022.

METAVERSO CRIPTOGRÁFICO

Las iniciativas del metaverso en las redes de blockchain se alimentan de tokens fungibles, que son divisibles y pueden intercambiarse entre sí. Estos tokens se utilizan para adquirir bienes digitales como terrenos virtuales o ropa para avatares. También pueden cambiarse por otras criptomonedas o por dinero fiduciario. Algunas monedas del metaverso también permiten a sus propietarios votar sobre las decisiones de la plataforma del metaverso, como por ejemplo dónde debe invertirse el dinero o qué nuevas características deben lanzarse primero.

En teoría, si el valor de los activos digitales aumenta, también lo haría el valor de los tokens relacionados con ellos. Además, algunas plataformas metaversas, como Decentraland, queman todos los tokens MANA utilizados para adquirir activos digitales, retirándolos de la circulación para siempre y aumentando el valor de los tokens restantes. Los siguientes tokens del metaverso se presentan en orden descendente de capitalización de mercado (market cap). Estas opciones son intrínsecamente peligrosas y deben considerarse especulativas. Como pauta general, nunca se debe invertir más dinero del que se está dispuesto a perder.

- **Decentraland (MANA)** - El token MANA de Decentraland, que tiene una valoración de mercado de unos 6.000 millones de dólares en el momento de escribir este artículo, impulsa el metaverso de Decentraland y sirve como medio de intercambio en el mercado de la plataforma.

- **Axie Infinity (AXS)** - El token AXS de Axie Infinity es un token de gobierno, a diferencia del MANA de Decentraland, que se utiliza para comprar productos y servicios digitales. Los propietarios de AXS podrán votar sobre las opciones propuestas que afecten al ecosistema de Axie Infinity, como la forma de asignar el dinero de la tesorería de la comunidad. Hay planes para cambiar el token AXS en el futuro para que pueda ser utilizado para comprar productos y servicios digitales en Axie Infinity.

- **The Sandbox (SAND)** - The Sandbox, al igual que Roblox, se centra en un metaverso de material generado por los usuarios. Las personas que participan en las pruebas de usuarios alfa de The Sandbox reciben el token SAND. Los tokens SAND también están disponibles para su compra en los mercados digitales. SAND es un token que puede ser utilizado para la utilidad, la gobernanza y la estaca. Los propietarios de SAND pueden utilizar sus SAND para comprar productos y servicios digitales, votar sobre proyectos propuestos dentro del Sandbox y apostar sus SAND para recibir más incentivos.

- **Enjin Coin (ENJ)** - Enjin es una plataforma de juegos de blockchain. A diferencia de The Sandbox o Axie Infinity, que sólo proporcionan un único producto metaverso, Enjin ofrece a sus consumidores una plétora de experiencias de juego interconectadas para ganar. ENJ, el token nativo de Enjin, se "inyecta" en cada NFT creado dentro de su ecosistema, lo que presumiblemente da valor en el mundo real a los activos digitales.

Muchos inversores inmobiliarios metaversos aspiran a ir más allá de la simple compra de un terreno y desarrollar algo que realmente merezca la pena invertir. Lo que sea eso dependerá de las ambiciones del inversor y de la propiedad en cuestión, pero entender lo que quiere producir mucho antes de desarrollarlo también puede ayudarle a elegir el terreno que mejor se adapte a su visión a largo plazo. Sus alternativas son ilimitadas, pero hay algunas opciones intrigantes que los inversores están examinando ahora mismo.

1. El espacio para eventos metaverso puede atraer a un público diverso

La reserva de alquileres a corto plazo en su propiedad metaversa es un maravilloso uso del espacio para eventos. Si sus instalaciones son lo suficientemente grandes como para acoger conciertos o actuaciones virtuales, podrá atraer a artistas y otros intérpretes que busquen un nuevo enfoque para llegar a un público que quizá no esté dispuesto a asistir a eventos en persona o no pueda hacerlo. Asegúrese de que dispone de un local para la venta de artículos relacionados con el evento. ¿Quién no quiere salir del estadio con una camiseta (virtual) del grupo?

2. Las vallas publicitarias virtuales son tan útiles como las reales

Larga vida a la valla publicitaria, al anuncio masivo al borde de la carretera que nunca parece desaparecer. Las carreteras y el tráfico también existen en las plataformas del metaverso, aunque es más probable que se trate de tráfico peatonal. No obstante, las vallas publicitarias son lugares útiles para llegar a las diversas personas que habitan y visitan el metaverso. Su dinero procede del alquiler de la zona a las empresas que desean transmitir sus mensajes a los peatones, al igual que con las vallas publicitarias de la vida real. Considere tanto a las empresas físicas como a las virtuales como posibles consumidores de vallas publicitarias. Al fin y al cabo, el hecho de que alguien sea activo en el metaverso no garantiza que esté al tanto de la apertura de una nueva tienda virtual de una gran marca en un lugar que no visita con frecuencia.

3. Las experiencias pueden ser totalmente salvajes en el metaverso

Olvídate de los parques temáticos; no pueden competir con lo que hay en el metaverso. Como no hay gravedad (ni cuerpos reales), una experiencia virtual puede ser, sin embargo, intrigante y agradable para los visitantes. Para desarrollar algo que produzca la venta de entradas, se necesita mucho espacio y una gran imaginación (o varios en nómina), pero la idea del metaverso son las experiencias sociales, y ésta no es una excepción. Y si se puede mejorar, modificar o renovar la zona de experiencias por una fracción del coste de un parque de atracciones o una instalación similar en la vida real, se ganan puntos. Cuando sueñes a lo grande, no permitas que los límites del mundo real se interpongan.

4. Los centros comerciales tradicionales siguen siendo necesarios

Que no sea el mundo real no significa que la gente no busque cosas para llenar su vida virtual. El comercio minorista tiene una gran presencia en el metaverso, y las marcas necesitarán un amplio espacio para sus salas de exposición y tiendas. Incluso las empresas modestas pueden desarrollar seguidores de culto en el metaverso, por lo que no hay que tener miedo de contactar con posibles inquilinos mientras se establecen los espacios comerciales de alquiler bien planificados. Muchas empresas ya han tenido mucho éxito anunciando y vendiendo copias NFT de sus artículos del mundo real a los habitantes del metaverso. Los clientes pueden expresarse con zapatos a medida, bolsos de alta gama y otros artículos difíciles de conseguir.

5. El espacio de la oficina es igual de útil en el mundo virtual

Las empresas buscan métodos para reunir a su personal en un espacio compartido mientras los retornos al lugar de trabajo siguen postergándose indefinidamente. En lugar de depender de plataformas metaversas específicas para este fin, el espacio de oficina metaverso en plataformas más grandes puede aportar un toque del mundo real al virtual. En el metaverso, los constructores de equipos son mucho más fascinantes. No hay que olvidar que los arquitectos, diseñadores, agentes inmobiliarios virtuales y otros actores clave en el crecimiento del metaverso pueden estar buscando espacio en las plataformas en las que operan. Esta gente ya existe y busca ganarse la vida en el mundo virtual.

POR QUÉ INVERTIR EN EL METAVERSO

Desde que Mark Zuckerberg declaró el 28 de octubre que Facebook se llamará a partir de ahora Metaplataforma, o simplemente Meta, el precio de sus acciones ha subido más de un 9%, más del doble que el Nasdaq NDAQ -0,4%. Si no está familiarizado con el Metaverso, considérelo un entorno virtual. Los mundos virtuales tienen diversas formas.

Facebook quiere ser el más grande. Independientemente de lo que piense sobre la entrada de Facebook en el metaverso (es casi seguro que restringirán a las personas en estos nuevos mundos paralelos), la entrada de Zuckerberg en este terreno demuestra que, entre los grandes gigantes de la tecnología, este tipo va por delante...

La concepción actual y más popular del "metaverso" puede definirse fácilmente como un lugar que se puede visitar a través de unas gafas inteligentes o unos auriculares de realidad virtual y en el que uno se encuentra en un entorno generado por ordenador: un bosque falso, una playa en algún lugar o su oficina. "Las posibilidades son ilimitadas", según la Cumbre WOW de los Emiratos Árabes Unidos. El resto de las grandes empresas tecnológicas, así como los jugadores japoneses de Sony y Nintendo, seguirán a Zuck en el metaverso.

La gente se enganchará a estos mundos virtuales, y en ellos ocurrirán todo tipo de cosas terribles y desagradables (¡he visto Caprica! ¡Esto no va a acabar bien para la humanidad!) , pero si me equivoco, tal vez debería invertir en el metaespacio, pero no quiero pagar 340 dólares por una sola acción de Facebook. Tiene que haber una opción mejor, y por supuesto que la hay. Las plataformas de blockchain están surgiendo por todas partes, con el objetivo de servir de columna vertebral de su propio mundo virtual, donde los usuarios pueden jugar o comerciar con NFT y bitcoin. Es de extrañar que alguna vez se alejen del teclado.

El movimiento metaverso tiene un enorme potencial para transformar nuestros estilos de vida y comunicación, y su crecimiento se ha acelerado desde la epidemia. Sin embargo, el metaverso está todavía en sus primeras etapas, y la carrera no ha hecho más que empezar". Cualquier empresa que desarrolle tecnología de RV/AR, como Magic Leap, HTC

Vive o Varjo, es una empresa del metaverso". Cualquier empresa que realice investigaciones psicodélicas o desarrolle productos de biohacking o nootrópicos que alteren la química de tu cerebro es una empresa del Metaverso. Cualquier empresa que combine estas dos realidades con activos digitales es una empresa metaversa. Vale, eso suena aterrador.

Empresas como Facebook están invirtiendo en software y tecnología para hacer posible las pantallas virtuales metaversas. Fuera de algunos juegos y plataformas conocidas como Decentraland, la escalabilidad de estos mundos virtuales aún no ha llegado lejos en la cadena de bloques. Es algo que nunca he utilizado. Parece que son los Sims. En cuanto a los juegos, esto me introduce en un área de criptografía totalmente nueva: GameFi. Sí, lo conozco. No, no voy a invertir en ella. Creo que debería empezar a explorar por ahí. Está claro que es un rincón del metaverso que merece la pena explorar. ¿Cómo podemos invertir en el metaverso antes de que los Cylons se apoderen de él, si es que esto va a ser así? El mejor método para invertir en criptodivisas en el metaverso es la compra de NFTs", lo que todo el mundo que lea esto entiende como tokens no fungibles. Un NFT suele estar formado por fragmentos de artes visuales, audio o vídeo que permiten a los inversores poseer un activo virtualizado en la blockchain.

Todo el mundo sabe que, inmediatamente después del anuncio de Facebook, el token nativo de Decentraland, Mana, alcanzó máximos históricos. Fue una operación puramente de impulso. Sólo los desafortunados pudieron participar en ella. Cualquiera que haya caído en el bombo ha perdido dinero desde entonces. A partir del sábado, ya ha caído a 3,20 dólares. Los inversores serios pueden comprar el Grayscale Decentraland Trust en ese mismo token MANA como una jugada metaversa. ¿Puedes creer que Grayscale sea de repente una cosa? Ha subido casi un 1.000% desde su lanzamiento en febrero. Sin embargo, hay una trampa: debes ser un inversor autorizado, lo que exige una inversión mínima de 25.000 dólares. Si invirtieras el primer día de la presentación del fondo, tendrías 275.000 dólares a partir de este fin de semana. ¿Esto te pone enfermo? A mí me pone enfermo.

Una característica notable de las iniciativas de metaverso basadas en criptomonedas es la posibilidad de obtener recursos y activos físicos en el metaverso, que pueden intercambiarse por otros productos digitales y del mundo real." "Es la encrucijada del juego y el dinero". Ya lo has visto con varias iniciativas de blockchain en las que puedes ganarte la vida solo con los juegos. Considere Axie Infinity (AXS), un juego blockchain basado en Vietnam por Sky Mavis en el que puede ganar "dinero" en NFTs y luego venderlos por dinero en efectivo. como un token de la comunidad en junio de 2021, y solo ahora está comenzando a trabajar en el desarrollo de un juego para el metaverso. Quieren lanzarlo por fases en la cadena de bloques, comenzando con un simple juego de cartas coleccionables y avanzando hacia un juego de rol interactivo completo en las últimas etapas.

El token ya es accesible en Uniswap. el establecimiento de metaversos servirá de catalizador para el desarrollo de sistemas de blockchain enfocados hacia el gobierno descentralizado, las finanzas descentralizadas y los contratos inteligentes en general. Considere Ethereum (ETH), Polkadot (DOT), Solana (SOL), y Cardano (ADA)," "Se trata de iniciativas de blockchain de construcción de infraestructura que se construyen para las transferencias sin fricción a través de blockchains, no sólo los sistemas de blockchain para producir aplicaciones descentralizadas." Polkadot, en mi opinión, es una de las más destacadas", Polkadot pretende abordar un problema crítico: garantizar la interoperabilidad entre diversas blockchains en una única plataforma. Algún día se requerirán transferencias sin fricción entre blockchains. Polkadot... tiene un futuro prometedor en los próximos cinco años, en mi opinión.

Mister Discus Fish está de acuerdo.
El primer paso es invertir en la infraestructura de las plataformas y ecosistemas metaversos". La economía de fichas que sustenta el ecosistema suele estar compuesta por inversiones compartidas. El segundo es hacer una inversión en activos NFT fundamentales en una plataforma metaversa (específica). Puede ser cualquier cosa, como accesorios (de juego) o ropa de avatar virtual. La tercera opción es comprar un token social. Dado que el contacto social en el metaverso puede dar lugar a nuevas aplicaciones de redes sociales y a una economía de fans, será un aspecto importante de la evolución del metaverso.

El primer paso es invertir en la infraestructura de las plataformas y ecosistemas metaversos". La economía de fichas que sustenta el ecosistema suele estar compuesta por inversiones compartidas. El segundo es hacer una inversión en activos NFT fundamentales en una plataforma metaversa (específica). Puede ser cualquier cosa, como accesorios (de juego) o ropa de avatar virtual. La tercera opción es comprar un token social. Dado que el contacto social en el metaverso puede dar lugar a nuevas aplicaciones de redes sociales y a una economía de fans, será un aspecto importante de la evolución del metaverso.

El concepto de gamificación de ecosistemas enteros de fichas le inspiró a crear su propio gremio de juegos para jugar y ganar, CGU.io. "Juega para ganar: el metaverso te llama", afirma en su sitio web, con una página principal que parece un cerdo rosado volador combinado con un carnero y una gallina. Tienen su propio token, CGU, que cotiza a unos 2 dólares y pico. Crypto Gaming United cuenta actualmente con más de 70.000 miembros de aproximadamente 26 países diferentes. Si quieres seguirlo en Instagram, puedes encontrarlo aquí. Prefiero invertir dinero en ellos que jugar con ellos. Estos mundos virtuales parecen ser una enorme pérdida de tiempo. Echa un vistazo a The Sandbox. Este juego al estilo Mindcraft viene con su propia ficha: SAND. Su valor era de 0,03 dólares a principios de año. Actualmente está valorado en 2,7 dólares y tiene alrededor de 2.000 millones de dólares invertidos en él. Como decían los adolescentes allá por 2018: No puedo ni siquiera.

Empieza a adquirir y construir terrenos y activos virtuales", dice Joel Dietz, miembro fundador de Ethereum y antiguo empleado de ArtWallet. "Involúcrate en un puñado de proyectos con un potencial de crecimiento de 100 veces y diversifica tus apuestas". Dietz es el creador del Metaverso, una nueva plataforma para crear metaversos. Comenzó a finales de octubre. "Hace poco empezamos a lanzar nuestra propia venta de terrenos tras el enorme interés que suscitó la semana del blockchain de Dubai", comentó a través de su oficina de prensa. El torneo concluyó el 18 de octubre.

Los inversores en criptodivisas de hoy son probablemente "maestros del metaverso". El metaverso tiene la capacidad de llevar el Simulador a nuevas alturas. Estamos construyendo realmente sistemas alternativos de realidad que revolucionarán la forma en que vivimos, nos relacionamos con la gente de todo el mundo y hacemos negocios, lo que significa que probablemente puedas contratar a alguien en el metaverso. ¿Te han despedido en la distopía que se avecina por hacer lo que no debías? Gánate la vida creando una realidad paralela en el metaverso. Oh, claro, eso sucederá. Hay algo de acción pre-Star Wars aquí.

Según los informes, Facebook contrataría a 10.000 personas en la Unión Europea para trabajar en el metaverso de Zuck en su plataforma Horizon World. El anuncio de Facebook vuelve a poner de manifiesto que el metaverso se considera un sucesor de Internet y no una "extensión" de éste. Como nota al margen, si bien esto no es totalmente atribuible al metaverso, sí lo es a la criptomoneda: Los activos totales de Grayscale bajo gestión han superado los 60.000 millones de dólares, superando al ETF de oro (GLD) de State Street +2,5%, que anteriormente era el ETF más negociado. Grayscale no empezó a emitir ETFs de criptomonedas hasta aproximadamente 2017. El fondo SPDR Gold existe desde 2004.

¿POR QUÉ INVERTIR EN TERRENOS O INMUEBLES VIRTUALES?

Las ventas de bienes inmuebles del metaverso alcanzaron los 501 millones de dólares en 2021 y se espera que superen los mil millones este año. El 22 de abril de 1889, una reunión de 50.000 personas esperaba el sonido de un toque de corneta al mediodía para señalar el inicio de la fiebre de las tierras de Oklahoma. Casi dos millones de acres de tierra fueron reclamados antes del final del día. Y ahora hay otra fiebre por la tierra, pero esta vez no hay una estampida de gente a caballo. Esta vez el acontecimiento tiene lugar en el metaverso, y la corneta ya ha sonado.

El mundo 3D se expande exponencialmente

En una experiencia web interactiva, los inmuebles virtuales están formados por trozos de código definidos. Dentro de varios sistemas metaversos, los trozos de código se dividen para generar distintas "parcelas", que luego se ofrecen para su compra como NFT en la cadena de bloques. Según MetaMetric Solutions, las principales empresas de este sector son Sandbox, Decentraland, Cryptovoxels y Somnium, y se espera que las transacciones inmobiliarias en estas plataformas alcancen los 501 millones de dólares en 2021. Según la empresa, las ventas superaron los 85 millones de dólares en enero y pueden llegar a casi mil millones de dólares en 2022.

Invertir es un compromiso importante entre el riesgo y el beneficio potencial, pero a veces puede parecer un poco como un juego de azar, especialmente cuando uno se aventura en un área nueva y no descubierta. Por ejemplo, el metaverso. Los bienes inmuebles virtuales son la última inversión de moda en estos momentos, pero no son nuevos ni carecen de mérito. De hecho, si tienes el estómago para ello, creo que deberías invertir en inmuebles metaversos bien seleccionados. Si sabes algo de mí, sabrás que soy un escéptico de las criptomonedas y un inversor cauto por naturaleza. Invierto en cadenas de supermercados, industrias alimentarias, así como en el sector aeroespacial y los coches eléctricos. Todo esto es algo que está bastante anclado en cantidades conocidas y tiene suficientes datos para ofrecer resultados predecibles a largo plazo (incluso si algunos de los proyectos están un poco sin probar). Así que cuando te animo a adquirir bienes inmuebles del metaverso, significa algo. Tal vez eso indique que el queso se me ha escapado por completo de la galleta, o tal vez no sea tan especulativo como parece.

Hay varias razones por las que creo que las propiedades metaversas serán el punto de encuentro en los próximos cinco años:

1. Los nombres comerciales se lanzan al metaverso

Nike (NYSE: NKE) es la última de una larga lista de empresas conocidas en entrar en el metaverso (sin juego de palabras). Acaba de anunciar la adquisición de RTFKT, una firma que fabrica calzado NFT. Sí, así es. Crea calzado que sólo puede encontrarse en el metaverso. Nike pretende asegurarse de que todos los avatares del metaverso lleven calzado Nike, y pretende hacerlo a lo grande. No está pendiente de lo que hacen otras empresas, ya que entiende qué es lo que impulsa estas plataformas y cómo puede beneficiarse de ellas.

Gucci, una empresa de Kering, patrocinó una breve campaña de verano en la que construyó una versión digital de la exposición Gucci Garden y regaló y vendió copias metaversas de bolsos populares y otros productos de edición limitada en Roblox (NYSE: RBLX). Los artículos tenían un precio inicial de entre 1,20 y 9 dólares, pero algunos se revendieron por hasta 4.100 dólares en Robux, lo que sugiere tanto una demanda en el mercado primario como un interés en el mercado secundario por los productos de la marca.

2. Los promotores inmobiliarios invierten millones en el metaverso

Republic Realm, un promotor inmobiliario virtual, ha batido un récord al adquirir un terreno de 4,3 millones de dólares en la plataforma metaversa The Sandbox, superando el récord establecido una semana antes por Tokens.com por la compra de una propiedad de 2,5 millones de dólares en Decentraland. Eso es mucho dinero de sobra. Teniendo en cuenta que estas empresas tienen la plena intención de crear espacios como centros comerciales virtuales y otras propiedades alquilables (donde, por ejemplo, Nike podría instalarse), y que ambas pensaron seriamente en cómo determinar el valor de la propiedad metaversa, me resulta difícil descartar esto como un extraño tipo de truco publicitario. Estas personas son tan serias como el cáncer y tienen las estrategias comerciales para respaldarlo.

Imaginan un mundo en el que pueden alquilar escaparates a empresas que quieren vender mercancías pero no quieren mantener ningún inmueble virtual; alquilar condominios virtuales a personas que quieren visitar el metaverso pero no quieren gastar 12.000 dólares en un terreno propio; e incluso diseñar y construir casas a medida para celebridades que creen que una presencia en el metaverso es beneficiosa para su imagen de marca pero no tienen tiempo para complicarse la vida.

3. El metaverso inmobiliario no es nuevo

Aunque las plataformas más populares del metaverso son relativamente jóvenes, no son ni mucho menos los primeros ejemplos de alguien que hace una fortuna con los bienes inmuebles virtuales. Ailin Graef, la primera millonaria de Second Life, fue reseñada por Bloomberg en 2006. Fue una de las primeras en adoptar Second Life, pasando dos años amasando terrenos virtuales y creando avatares únicos, y ahora invierte ampliamente en empresas tecnológicas con una riqueza creada en un mundo virtual. Este mismo año, Second Life (fundado en 2003) ha conseguido un PIB de 600 millones de dólares y más de 80 millones de dólares en pagos en efectivo a los creadores gracias a sus esfuerzos en la comunidad. El mercado de Second Life tiene una gran variedad de alquileres, pero muy pocos bienes inmuebles a la venta. Es de suponer que los propietarios están generando suficiente dinero con los alquileres, incluso a 4 o 5 dólares por semana, como para no querer vender. La mayoría de estas transacciones son gestionadas por organizaciones inmobiliarias creadas dentro de la plataforma.

Si una plataforma de la que casi nadie ha oído hablar antes de las redes sociales ha captado los corazones y las mentes de aproximadamente el 70% de los estadounidenses y puede seguir aportando esta cantidad de dinero tanto tiempo después de su debut, seguramente una plataforma construida teniendo en cuenta todas las lecciones de Second Life puede ser igual de estable, y potencialmente al menos tan rentable.

Entonces, ¿cuál es el retorno de la inversión en el sector inmobiliario digital?

La razón fundamental para comprar e invertir en bienes inmuebles digitales sería el rendimiento de la inversión (return on investment). Con los precios de los inmuebles físicos alcanzando máximos históricos debido a los problemas de la cadena de suministro y las limitaciones de inventario, muchos inversores están recurriendo al ámbito digital para gastar el dinero que tanto les ha costado ganar.

La gente busca métodos adicionales para obtener un rendimiento de su capital, que por otra parte es cada vez mayor, como consecuencia de la falta de opciones atractivas para invertir (por ejemplo, la sobrevaloración del mercado de valores). Y no sólo los inversores están desembolsando grandes cantidades de dinero. Los fans, los supernerds y los adictos al coleccionismo están descubriendo que el metaverso es un patio de recreo virtual. Un fan de Snoop Dog acaba de gastar 450.000 dólares para ser el vecino virtual de Snoop Dog en el metaverso.

¿Existe un retorno de la inversión en el sector inmobiliario digital?

Los beneficios futuros en el campo de los bienes inmuebles digitales son actualmente completamente hipotéticos. Sin embargo, podemos fijarnos en los resultados anteriores para hacernos una idea de cómo puede aumentar el precio de los terrenos en los mundos virtuales. Decentralland es un metaverso que permite a los usuarios comprar terrenos virtuales en forma de parcela LAND (el dinero de Decentralland) (1010 metros cuadrados). Una parcela LAND se vendía por unos 2.000 dólares en enero de 2001. Ese coste llegó a ascender a cerca de 150.000 dólares para los terrenos designados comercialmente en Decentalland.

¿Cuánto dinero se puede ganar con ello?

Aunque es demasiado pronto para predecir la rentabilidad media esperada de las estrategias inmobiliarias digitales de compra y mantenimiento y de quick-flip, podemos inspirarnos en los datos anecdóticos. Las personas que más se han beneficiado de las ventas de terrenos virtuales han sido los creadores de los propios terrenos virtuales. En el momento de escribir este artículo, no he podido localizar ninguna historia de éxito de inversores en bienes raíces digitales que hayan logrado fantásticos rendimientos en sus inversiones, pero relaciono esto con la infancia de la clase de activos más que con una desacreditación de la misma.

Cómo comprar terrenos en el metaverso

El metaverso es un paso hacia la digitalización del mundo real mediante la combinación de realidad aumentada (RA), realidad virtual (RV) y vídeo. A través de sus avatares digitales, los

97

usuarios pueden trabajar, jugar y estar conectados con sus amigos en el mundo virtual. Hay muchas cosas que hacer en el metaverso, desde mantener una reunión hasta viajar por el mundo virtual. Sin embargo, el sector inmobiliario parece captar la atención de los inversores. La frecuencia de las transacciones inmobiliarias en el metaverso ha sido noticia, con ventas récord de millones de dólares cada dos semanas.

Para comprar una propiedad en el mundo virtual, primero hay que registrarse en una plataforma metaversa como Decentraland, The Sandbox o Axie Infinity, entre otras. Para realizar transacciones en el metaverso, todo lo que necesita es una cartera digital bien financiada. Puede convertir sus dólares en criptodivisas como el éter o las monedas locales del metaverso en el que está realizando transacciones, como MANA o Sandbox, y guardarlos en su cartera digital. Puedes comprar, alquilar, cambiar o incluso vender casas en el mundo digital con el apoyo del ecosistema casi completo del metaverso, y la propiedad es a través del título de tokens no fungibles (NFTs).

CAPÍTULO 6: CÓMO COMPRAR TERRENOS VIRTUALES EN EL METAVERSO

Ahora bien, si quieres comprar terrenos virtuales en el metaverso, aquí tienes cómo hacerlo.

1. Obtenga una criptocartera digital

El primer paso es obtener un monedero digital de criptodivisas. Como no se puede comprar tierra virtual con dinero fiduciario, primero hay que obtener un monedero para poder comprar y almacenar su bitcoin. El monedero que elijas debe conectarse idealmente con tu navegador. Tienes varias alternativas, incluyendo MetaMask y Trust Wallet. Si lo desea, también puede utilizar el monedero de la cadena Binance. Sin embargo, es aconsejable determinar primero si el monedero soporta la criptodivisa que pretende utilizar para comprar terrenos virtuales.

2. Seleccione su plataforma inmobiliaria

Se puede comprar una propiedad en numerosas plataformas virtuales del metaverso. Decentraland y Sandbox son las dos soluciones más comunes. Si desea comprar a través de un tercero, OpenSea es una excelente opción.

OpenSea es una buena opción para los clientes primerizos porque le permite comparar sin cambiar continuamente de plataforma. Puede comparar los costes, las características y el valor en función de la comunidad virtual en la que se encuentra la parcela. Si quiere información detallada sobre la ubicación de su propiedad virtual, Sandbox o Decentraland son las opciones ideales. Además, gracias a ello, tendrá un conocimiento más profundo de sus vecinos. Nosotros utilizaremos Decentraland para esta guía, pero los procesos son generalmente los mismos en todas las plataformas.

3. Buscar y seleccionar una parcela

Ahora lo único que tiene que hacer es revisar varias parcelas disponibles y elegir la que desea comprar. Puede comprobar la distancia a la que se encuentra su casa de los destinos más conocidos. Los precios de las propiedades tienden a aumentar en la proximidad de destinos populares. Una vez que se haya decidido por una parcela para comprar, simplemente haga clic en ella para ver los detalles pertinentes. Puede adquirir bienes inmuebles virtuales en Decentraland con ETH o MANA. Puedes mirar el precio y presentar una oferta, o puedes comprar directamente. Sin embargo, antes de poder realizar una compra, debe vincular su cartera al sitio.

4. Conecte su cartera

Para completar su compra, debe vincular su monedero a su cuenta. Simplemente haz clic en Jump In y regístrate con tu monedero.

Su inmueble virtual se entregará a su cartera una vez que se inscriba y confirme su compra. Te convertirás en el legítimo propietario de esa propiedad virtual, y cualquiera en la blockchain podrá verificar su legitimidad. Es vital saber que habrá un coste de gasolina, así que asegúrate de tener un poco más de la cantidad que se muestra en la pantalla. También puede hacer una oferta si lo desea. Esto le proporciona cierto margen de maniobra porque los propietarios pueden elegir si la aceptan o la rechazan.

5. Confirme su compra

La transacción se llevará a cabo siempre que tenga suficiente moneda en su cartera y se haya acordado el precio. En tu monedero, puedes confirmar tu propiedad virtual. Si estás usando Trust Wallet, sólo tienes que ir a Collectibles. Para adquirir la confirmación de compra de MetaMask, ve a NFTs. Los bienes inmuebles del metaverso son fundamentalmente una transacción no financiera (NFT). Debido a su espectacular ascenso, existen varios fraudes de los que debe tener cuidado. Suele ser aconsejable comprar en puntos de venta legítimos y reconocidos. Además, si una oferta parece demasiado buena para ser verdad, lo más frecuente es que lo sea.

Ejemplos de terrenos ya comprados en el Metvaerso

En un análisis reciente, Grayscale, que gestiona el mayor fondo de criptodivisas del mundo, afirmó que el metaverso está todavía "en sus primeras fases". He aquí tres transacciones virtuales de alto perfil:

1. El Grupo Metaverse adquiere un terreno de 2,43 millones de dólares en Decentraland

La filial de Tokens.com, Metaverse Group, completó este mes la compra de 618.000 manás, o unos 2,43 millones de dólares en ese momento, de terrenos digitales. Esta información procede de Decentraland, un mundo virtual en línea donde se encuentra el terreno. El precio de la compra fue más del doble que el de la última venta de bienes inmuebles virtuales que batió el récord.

2. 913.228,20 dólares de venta de parcelas en Decentraland

Republic Realm, un negocio de inversión inmobiliaria digital, supuestamente pagó más de un millón de dólares por un token no fungible, o NFT, que representaba una parcela en Decentraland en junio. La parcela consistía en 259 lotes, o alrededor de 16 acres de propiedad digital, y el precio de compra era algo mayor que el precio típico de una casa en Manhattan.

3. Compra de terrenos por 2,3 millones de dólares en Axie Infinity

Axie Infinity es una plataforma de juegos de azar que anunció el jueves que una de sus parcelas de Genesis Land se vendió por 550 éteres, lo que suponía más de 2,3 millones de dólares en ese momento. Antes de esto, la mayor transacción en el sitio, que ofrece Axies coloridos y competitivos, fue de 888,25 éteres por nueve parcelas, o más de 1,5 millones de dólares en el momento de la venta de febrero. El creciente interés por el metaverso ha impulsado un reciente aumento de las criptodivisas asociadas a él, como el token mana de Decentraland, la arena de Sandbox y la gala de Gala Games.

4. Mega yate metaverso de 650.000 dólares en The Sandbox

No se trata de un inmueble, pero un superyate virtual se vendió esta semana en The Sandbox por la friolera de 650.000 dólares. La adquisición del Metaflower Super Mega Yacht costó 149 éteres. El desarrollador del metaverso, Digital Republic, lo desarrolló para la serie The Fantasy Collection de NFTs premium creados para el mundo del juego virtual The Sandbox.

Varios Tipos De Nft En El Metaverso, Nft Utilizables Por Colección Pero También Para Hacerlos Volver Si Tienen Una Utilidad

El metaverso, al igual que nuestra realidad física actual, es un mundo virtual impulsado por NFT que alimentan su economía virtual. Estos NFT son utilizados por los jugadores para adquirir terrenos y objetos utilitarios digitalizados que su ecosistema metaverso puede necesitar para prosperar. Muchas personas que posean objetos únicos en el mundo virtual podrán utilizar los NFT incrustados en el metaverso como prueba de identificación. Estos NFT les proporcionarán un código único que se registrará en una red blockchain. Como resultado, serán los únicos propietarios de ese artículo/propiedad. Esto es lo que debe saber.

Tipos de Metaverso Nfts
He aquí algunas de las diferentes NFT disponibles en el metaverso:

1. Bienes inmuebles/terrenos NFT

Los juegos "Play-to-earn" han incorporado el concepto de metaverso a su modelo de negocio a través de los terrenos, o bienes inmuebles. En los juegos P2E más populares, como Axie Infinity y Decantraland, los usuarios pueden tener que comprar NFT de terrenos para hacer crecer su ecosistema virtual o construir nuevos objetos o propiedades en esos terrenos. Esta es una de las formas más comunes de NFT en el metaverso. En el metaverso, un usuario pagó 450.000 dólares en diciembre por un terreno cercano a la residencia de Snoop Dogg.

2. Nfts relacionados con la moda

Las NFT de moda son la última incorporación a la ecología del metaverso. Empresas famosas como Gucci y Louis Vuitton han generado estos NFT lanzando productos de moda de edición limitada en el metaverso para que los consumidores los adquieran como NFT. Estos NFT son básicamente accesorios digitalizados que los avatares digitales de los jugadores pueden llevar para destacar entre la multitud.

3. NFTs de juegos de azar

Aunque los jugadores habituales lo discuten, los juegos metaversos "play-to-earn" han acelerado la adopción de las NFT. Hay varios NFT en el juego que son accesibles en los RPG, los juegos de cartas e incluso los shooters. Los NFT de armas pueden ayudar al jugador en el juego, mientras que los accesorios de NFT de pieles pueden ayudarle a forjarse una identidad propia en el metaverso.

CÓMO COMPRAR NFTS DEL METAVERSO

Los usuarios pueden comprar los NFT de moda en un mercado de NFT legítimo como OpenSea o Rarible. Los usuarios también pueden acceder a estos NFT desde sus mercados de juego para ganar. Para comprar NFTs, el usuario debe seguir estos pasos:

- Elige el mercado donde quieres comprar tus NFT del metaverso. Si va a comprar NFT con ETH, asegúrese de tener suficiente ETH en su cartera. Las NFT del metaverso también se pueden comprar con tokens del metaverso como AXS o SAND.

- Elija un mercado y, a continuación, navegue por la selección de NFT del metaverso para encontrar la más adecuada para usted.

- Vincule su monedero al mercado. Algunas NFT necesitan que los usuarios hagan ofertas por ellas. En consecuencia, ponga su oferta de puja y espere la confirmación.

- Si su puja es exitosa, recibirá una confirmación con la cantidad de dinero deducida que aparece en el recibo online.

LOS MEJORES PROYECTOS DE CRIPTOMONEDAS RELACIONADOS CON EL METAVERSO LISTOS PARA EXPLOTAR PRONTO

Considere un cosmos libre de los hechos físicos mundanos de su vida. En esta realidad paralela, puedes trabajar, jugar, relajarte y comunicarte con personas de todo el mundo. Puedes ir a fiestas, hacer bellas obras de arte y acumular una gran riqueza. Eres capaz de lograr todo lo que tu imaginación pueda conjurar. No se trata de una fantasía descabellada: esto es el metaverso, y Bitcoin es la forma de acceder a él.

Aunque la tecnología blockchain metaversa está todavía en sus primeras etapas, la noción de este universo digital está bien desarrollada, con orígenes que se remontan a décadas atrás. Los visionarios y los autores de ciencia ficción han estado trabajando en la noción del metaverso, imaginando un método para viajar más allá de los límites físicos de nuestro planeta para explorar vastas vistas y crear nuevas posibilidades. El metaverso permite alcanzar nuevos niveles de logros digitales, explorar otro universo y relacionarse con amigos y familiares de forma creativa.

Los 5 mejores juegos de criptomonedas del metaverso listos para explotar

Los juegos, las NFTs y el Metaverso son tres de las más importantes tendencias criptográficas que están convergiendo en una megatendencia masiva. ¿Está tratando de averiguar cómo capitalizar estas enormes oportunidades? La compra de los tokens de juego adecuados es un método para lograrlo. Son tokens de utilidad que permiten el acceso a la NFT, el farming, el staking y otras formas de liquidez. Por ello, en este post, aprenderás qué hay de nuevo en el Metaverso de los Criptojuegos y dónde se pueden encontrar algunos de los tokens de juego más prometedores.

LA LUCHA DE LOS SIGLOS

Flight of the Ages (FOTA) es un juego MOBA-RPG, por lo que te centrarás en hacer crecer tu personaje héroe en lugar de ejércitos y demás. Hace un uso fantástico de la MR (Realidad Mixta) de Microsoft, un híbrido de AR y VR. Si eres un jugador, puedes seleccionar entre ocho razas y tres mundos para comenzar tu viaje por el metaverso en este juego. Este juego tiene varias características fascinantes, tales como:

Función Rent to Play

- **Mercado:** Como NFTs, los usuarios pueden comprar y vender héroes, skins y equipamiento.
- **Cartera de identidad descentralizada:** Este ID puede ser utilizado para crear un avatar en el metaverso de la FOTA.
- **Cultivo:** Los usuarios pueden ganar $FOTA cultivándolos con otros tokens de LP.

La funcionalidad Cross NFT permite a los usuarios integrar sus NFT actuales en el metaverso de la FOTA, facilitando a los nuevos jugadores el inicio de su actividad. También cabe destacar que el proyecto se ha sometido previamente a dos auditorías de seguridad: una de CertiK y otra de Hacken. Como resultado, este juego p2e incorpora las NFTs, el Metaverso y el farming de una manera que permite disfrutar más del juego.

PAX WORLD

Pax World se centra en el contacto interpersonal en el metaverso. Todo en este mundo gira en torno a las personas que se relacionan entre sí, ya sea por razones sociales, educativas o comerciales. Hacen que sea sencillo entrar en su mundo al admitir una amplia gama de dispositivos y tener unos requisitos de hardware modestos.

Pax World también ha alcanzado los siguientes hitos:

- Producto en funcionamiento que admite vídeo, audio, 3D y escaneo facial.
- En Suiza se celebrará una jornada de demostración en enero de 2022. Ya tienen 10.000 usuarios inscritos.

- Han conseguido 5 millones de dólares de financiación inicial.
- Actualmente se está desarrollando un sistema DAO con una función de apuesta.
- Están creando un mercado que incluirá NFT para la compra de terrenos, entradas para eventos y NFT en 3D que pueden utilizarse para pagar actividades sociales o educativas.

MINAS DE DALARNIA

Cotiza con el nombre de ticker DAR y tiene una oferta de 800 millones en circulación. Y apenas un 15% se ha hecho público. Y este proyecto, que debutó en 2021, tiene una capitalización de mercado actual de unos 275 millones de dólares. Se trata de un juego de acción y aventura que mezcla el dungeon crawling con la minería. Hay dos tipos de jugadores en el juego: los mineros y los terratenientes. Los iners son jugadores que minan en la mazmorra y en su propia propiedad o en una alquilada. Y el alquiler se hace utilizando el token Dar del juego, que se utiliza para todas las compras dentro del juego, así como el token Dow del juego. Los mineros podrán extraer minerales o diferentes niveles de varios niveles y tipos de mazmorras. El juego aún está en fase de pruebas alfa de la red, y su lanzamiento está previsto para el primer trimestre de 2022. Entonces, ¿qué es lo que me gusta de este juego? Creo que tiene un alto potencial de ingresos pasivos porque no sólo puedes alquilar tu terreno, sino también minar para obtener fichas Dar en él. No sólo puedes minar Dar, sino que también puedes apostar en varios mundos, ofreciendo otra capa de ingresos pasivos. Y la razón por la que esto me gusta aún más es porque apostar tu Dar lo bloqueará, reduciendo la oferta y, con suerte, aumentando la demanda. Y me gustan todos los niveles de ingresos pasivos de este juego porque creo que su utilidad hará que la gente vuelva. Por último, pero no por ello menos importante, este proyecto tendrá ventas de terrenos en algún momento entre ahora y finales de año, así que estate atento a eso también.

NETVRK

Cotiza con el símbolo NTVRK y tiene una capitalización de mercado de 121 millones. Por lo tanto, tiene una capitalización de mercado menor y una oferta de circulación de cien millones. Ahora, el 31% de sus tokens han sido distribuidos. Y el proyecto comenzó este año. Este juego permite generar activos en el juego que pueden ser acuñados como NFTs y ya tiene colaboraciones con Blockchains como Void, Sidus Heroes, y muchos más. El token se utilizará ahora para todas las transacciones dentro del juego, incluidas las estructuras y las parcelas de tierra, que se ofrecen ahora.

MUNDOS MÁS SALVAJES

el símbolo del ticker WILD. Se trata de un proyecto con el que me topé mientras investigaba para mi inversión en parcelas. Wild tiene ahora una capitalización de mercado de poco más de 300 millones de dólares. Así que está ligeramente fuera de los límites que buscaba para comprar, y ya ha emitido el 15% de su oferta circulante de 500 millones de tokens.

Wilder World es ahora un Dow para artistas y un mercado líquido de NFT con plataformas incorporadas como el Gremio de Artistas, una comunidad en red para artistas que les permite cooperar en ideas y proyectos. También incluye un componente llamado Mint Factory, que une a los artistas digitales de 3D con la capacidad de crear, acuñar y soltar NFT. Y creo que el arte 3D y las NFT tienen un enorme potencial. Este proyecto me intriga porque es efectivamente un universo del tamaño de Miami de la franquicia Ready Player One, basado en Real Engine Five y tiene NFTs utilizables y negociables. Las dos últimas son obras de capitalización de mercado bastante pequeñas. Ambas tienen una capitalización de mercado inferior a 20 millones de dólares.

¿Qué puedes hacer en el juego Sandbox?

The Sandbox es un juego peer-to-peer blockchain que presenta un concepto de juego descentralizado. Esto es lo que parece a simple vista, pero hay mucho más. Los NFTs representan prácticamente todos los activos del juego. Entonces, ¿qué es lo que lo hace único?

Cualquiera puede comprar un NFT, lo que le convierte en propietario de ese objeto o área específica en The Sandbox. A pesar de que Animoca Brands ha desarrollado este metaverso, no controla los activos digitales del juego. Animoca ha establecido una plataforma que permite a individuos, grupos e incluso empresas comprar y construir en su entorno virtual. Todo el mundo está en el juego siempre que tenga un Sandbox NFT. Además de permitir a los jugadores poseer bienes digitales en su juego, el Sandbox permite a los usuarios modificar y construir totalmente su universo.

Esta función permite una nueva generación de "material generado por el usuario" que puede ser utilizado tanto por el equipo de The Sandbox como por otros. Además, conocidas empresas están experimentando con el marketing de contenidos. Por ejemplo, Adidas, la empresa de calzado más reconocida del mundo, ha colaborado con The Sandbox para construir su propio metaverso con la marca Adidas.

¿Cómo comprar criptomonedas Sandbox?

Hay varios métodos para recibir el token. En el juego de la cadena de bloques, por ejemplo, se puede ganar el token completando tareas. Los usuarios también pueden utilizar el

Game Maker para crear y anunciar sus propios juegos. La moneda también está disponible para su compra en varios intercambios y actualmente puede adquirirse en los siguientes lugares de negociación:

- **Binance:** Binance es el mayor intercambio de criptodivisas del mundo. El registro y la admisión son sencillos. Para adquirir tokens de SAND, Binance acepta Bitcoin (BTC), monedas estables como Tether (USDT) y Binance Coin (BNB). Para ello, navega hasta "Buy Crypto", compra la criptodivisa y luego cámbiala por SAND.
- **Uniswap:** En Uniswap, haz clic en "Launch App" y luego en "Connect to a Wallet". MetaMask o cualquier cartera web compatible con Ethereum es una fantástica opción para esto. Una vez conectado, haz clic en "Swap" para cambiar de Ether (ETH) a SAND.
- Simplex: Simplex acepta pagos con tarjeta de crédito para el SAND. El servicio es accesible a través del panel de control del Sandbox. Después de hacer clic en "Yo" y luego en "Simplex", serás enviado al procedimiento de pago.
- MetaMask: Utilizando la cartera MetaMask, puedes cambiar ETH por otro token basado en Ethereum. El token SAND es uno de ellos.

¿Qué es el terreno del cajón de arena y cómo comprarlo?
LAND es una pieza digital de bienes raíces en el metaverso de The Sandbox. Cada token de LAND es un token ERC-721 único y no fungible. Si deseas poseer un LAND, primero debes conocer toda la geografía del metaverso de The Sandbox mirando el mapa. Las subastas públicas oficiales de

111

LAND también se celebran en este sitio web. Hay dos tipos de LAND disponibles: LAND normal y LAND premium.

Los usuarios deben tener LAND para poder crear sus propios mundos y juegos. Este juego se puede jugar sin el token. Como se ha indicado anteriormente, necesitarás Ethereum en tu cartera para cubrir los costes de la compra final. En el juego de blockchain, SAND es la criptodivisa que se utiliza para comprar los tokens de LAND. Si es accesible, haz clic en un trozo de TIERRA en el mapa del sitio web. Los terrenos regulares disponibles están resaltados en gris, y los premium disponibles están resaltados en amarillo. Después de hacer clic en el botón "Comprar", habrá reservado el terreno. El monedero conectado se abrirá, mostrando los costes de gas y el precio de la ARENA. El terreno se volverá púrpura para mostrar que ha sido reservado.

Una vez que la transacción ha sido verificada por su cartera, se habrá terminado. La cantidad de gas que elijas, así como cualquier congestión del blockchain, afecta al tiempo que tarda en finalizar. Una vez que hayas completado la tarea, la TIERRA se volverá roja, lo que significa que ahora la posees. Si no completas tu compra en dos horas, el TIERRA volverá a estar disponible para todo el mundo. Alternativamente, puedes adquirir terrenos a través de OpenSea, un mercado secundario de terceros donde se pueden comprar una variedad de NFTs, incluyendo los TIERRAS del Sandbox. Para comprar TIERRAS en OpenSea, primero debes registrarte en una cuenta con ellos. También tendrá que crear una cuenta en The Sandbox para utilizar los LANDs en el sitio. Los TIERRAS en OpenSea se pueden comprar usando SAND o ETH, dependiendo del deseo del vendedor.

El mercado en el Cajón de Arena puede utilizarse posteriormente para vender TIERRAS. Esta característica se añadirá al juego con el tiempo. Mientras tanto, puedes intentar venderlo en OpenSea o Rarible. La opción de alquiler está actualmente desactivada. Pero, ¿por qué la gente invierte en las tierras digitales del Cajón de Arena?

El objetivo principal de los LAND es que los diseñadores y desarrolladores de juegos puedan poner en ellos experiencias que los jugadores puedan disfrutar y monetizar. Habrá otros servicios disponibles, como el alquiler y las apuestas en LAND. Si eres propietario de un TIERRA, tendrás voz y voto en el gobierno del metaverso de The Sandbox. La voz de The Sandbox estará representada por los propietarios de LAND y los poseedores de tokens SAND, que participarán en la configuración y el gobierno del futuro de la plataforma a través de una DAO.

¿Es el cajón de arena una buena inversión?

El Cajón de Arena es una inversión sólida, ya que incorpora la tecnología blockchain a la enorme industria mundial del juego. Aunque en el pasado se han hecho intentos de adaptar blockchain a los juegos, The Sandbox puede ser el primero en tener éxito debido a su total concentración en un entorno de juego totalmente descentralizado en el que los usuarios tienen la última palabra en todo. Otros proyectos, en cambio, emplean exclusivamente blockchain para almacenar los activos del juego. El entorno Sandbox puede evolucionar y adaptarse espontáneamente a un ritmo mucho más rápido que los entornos de juego centralizados, ya que los usuarios tienen un control total sobre él. Muchos inversores en blockchain creen que The Sandbox es una buena inversión, ya que el token SAND no es sólo un dinero en el juego, sino también un activo de gobernanza que permite a los usuarios tomar decisiones importantes sobre el crecimiento del proyecto.

¿Cuál es el futuro de la caja de arena?

La metodología Sandbox ha colaborado con más de 165 empresas, entre las que se encuentran propiedades tan conocidas como The Walking Dead, Los Pitufos y Atari. Los conciertos virtuales de Deadmau5 y Snoop Dogg, así como un juego de The Walking Dead, se encuentran entre las asociaciones. Hasta la fecha, el proyecto ha recibido 93 millones de dólares, y el equipo está trabajando duro para ampliar su conjunto de productos y su metaverso. Los propietarios de terrenos que hayan producido grandes experiencias de juego recibirán más funciones del metaverso en 2022. El Sandbox DAO se pondrá en marcha en el segundo trimestre de 2022. La versión móvil y los nuevos tokens de la comunidad están previstos para el cuarto trimestre de 2022.

AXIE INFINITY

¿Has pensado alguna vez en lo divertido que sería ganar dinero mientras juegas? Axie Infinity NFT se basa en una base comparable, a pesar de que no es un concepto nuevo hoy en día. Es posible que conozca el juego. Si no es así, siga leyendo para saber cómo adquirir un Axie Infinity NFT. Sky Mavis lanzó Axe Infinity NFT, un juego del Metaverso para jugar, en marzo de 2018. Con más de 2 millones de usuarios diarios, este juego NFT se ha ganado un enorme éxito en la comunidad NFT. Axie Infinity es un conocido juego basado en blockchain que te permite ganar dinero mientras te diviertes.

Axie Infinity es un popular juego del Metaverso para ganar dinero. A menudo se compara con Pokemon, ya que los jugadores enfrentan a sus criaturas entre sí. Vencen al oponente utilizando sus habilidades y características. En el juego, las personas que reúnen, crían y producen Axies se conocen como académicos. Los Axies son características cruciales del juego que se construyen como NFTs y se pueden comprar o vender en cualquier mercado de NFTs. Para avanzar en el juego, debes controlar al menos tres de los Axies.

En este juego, puedes comprar tres variedades diferentes de NFT:

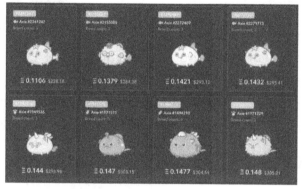

1. Tierra:

Lunacia es el nombre que recibe el Mundo Infinito de los Hachas, que ha sido transformado en parcelas de tierra. Los Axies pueden utilizar estas parcelas como su hogar o base de operaciones. Con el tiempo, estas parcelas transformadas pueden ser mejoradas o modificadas.

2. Ejes:

Tus criaturas son hachas. Para comenzar el combate, debes tener al menos tres hachas. Los cuerpos de las hachas están formados por seis componentes, cada uno de los cuales determina el conjunto de movimientos y las estadísticas de las hachas.

3. Artículos:

Se trata de objetos del juego que pueden utilizarse para curar o mejorar tus hachas. Estos objetos también se pueden utilizar para aturdir a los adversarios. Los bienes cosméticos también están disponibles para embellecer o personalizar las parcelas de tu propiedad. Este es un juego emocionante. Veamos ahora los procesos de compra de Axie Infinity NFT. La cartera Ronin se utilizará para realizar la compra.

Paso 1: Cartera Ronin

Es posible que conozca la importancia de los monederos en la compra de NFT. Un monedero Ronin puede utilizarse en los juegos del Metaverso para ganar. Se considera como un pasaporte a una nueva nación digital. Permite la compra y venta de NFT de Axie Infinity, así como de otros tokens en la sidechain de Ronin. Para crear una Cartera Ronin, sigue las siguientes instrucciones.

- Instala la extensión de Ronin wallet para Chrome.
- Después de instalar la extensión, el símbolo del monedero Ronin aparecerá en la esquina superior izquierda.
- Conecta tu monedero Ronin a tu cuenta Axie siguiendo las instrucciones en pantalla.
- Haz clic en el botón "Empezar" y elige "Soy nuevo". "Que empiece la fiesta".
- Cree una cuenta y estará listo para empezar.

Paso 2: Transferir ETH a tu billetera Ronin

Necesitará ETH para comprar Axie Infinity NFT. Hay dos métodos para añadir ETH a tu monedero Ronin. Puedes utilizar el Ronin Bridge para transferir ETH desde otra cartera, como MetaMask. Usando la Red Ramp, puedes cambiar fácilmente dólares fiduciarios en ETH en la cartera Ronin.

Paso 3: Buscar en el mercado

Es hora de empezar a buscar NFTs ahora que tienes ETH en tu cartera. El mercado está separado en tres secciones.

- Categorías
- Filtros
- Resultados

Si desea comprar Axies o terrenos, utilice la opción de filtros para acotar su búsqueda. Puede seleccionar las clases y las partes del cuerpo que mejor se adapten a sus necesidades y luego ver los resultados en el lado derecho. Al eliminar los filtros, puede descubrir constantemente cosas nuevas.

Paso 4: Completar la compra

Cuando hayas terminado tu búsqueda y te hayas decidido por tu Axie, tus cosas y tu terreno, vamos a comprarlos. El método más sencillo para comprarlos es hacer clic en el botón "Comprar ahora" en la esquina superior derecha. El monedero de Ronin aparecerá y proporcionará los detalles de las próximas transacciones.

La siguiente información se presenta en la cartera Ronin:

- Cantidad de Axie
- Cantidad de terreno
- Cantidad de artículos
- Tasa de gas

La suma total será en ETH, y si la multa es razonable, puede proceder a su compra. Así que has traído con éxito las NFT de Axie Infinity. Compruebe siempre si todo ha ido según lo previsto. Puede encontrar esta información en la página de actividad. Para verificar sus compras, utilice el Ronin

Blockchain Explorer para ver el estado de cualquier NFT en proceso. Ahora estás listo para jugar.

4. Terminando:

La gente está comprando Axies por la naturaleza futurista e inventiva del Universo Axie Infinity. El aire de futuro de los NFT, así como la naturaleza estimulante de este juego, prometen descubrir los valores de los NFT en la industria del juego. Las cifras de Axie han crecido desde el principio, reduciendo el riesgo para los inversores. Debido a la naturaleza prometedora de este juego, se ha convertido en uno de los principales juegos earn-to-play en el metaverso, y cada vez más gente está ansiosa por adquirir NFT de Axie Infinity.

MIRANDUS

Mirandus, un MMORPG de fantasía de Gala Games, te permite controlar todo, desde las tiendas del juego hasta ciudades enteras. Con una variedad tan amplia de derechos de propiedad, los jugadores que quieran conectarse con la comunidad o afectar al entorno del juego podrán crear una economía de juego saludable, en función del valor de su propiedad para los demás. Para avanzar en Mirandus, hay que comprometerse de forma regular, por ejemplo, haciendo que se repare la armadura o comprando materiales para una expedición a una mazmorra. Otros participantes pueden beneficiarse de estas conexiones ofreciendo los bienes y servicios necesarios.

Aunque habrá muchas oportunidades de luchar contra criaturas épicas y cazar objetos legendarios para tu avatar, Mirandus añade otra capa de inmersión al permitirte participar en una economía de fantasía virtual sin tener que interactuar con los monstruos o participar en combates. Poseer un terreno cerca de la entrada de una mazmorra o en un pasillo muy transitado te permite seleccionar qué objetos o servicios suministrar y cómo obtener beneficios de ellos. En particular, las 5 ciudadelas propiedad de los jugadores constituirán las mayores ciudades, y sus propietarios podrán organizar o dirigir sus propias facciones, así como cobrar impuestos comerciales. Poseer una propiedad ofrece la posibilidad de obtener recompensas, pero también conlleva obligaciones, ya que tendrás que gastar suministros como madera, carne u otros artículos para mantenerla.

¿Qué son las NFT en Mirandus?

Mirandus, al ser un mundo creado por los jugadores, ofrece una serie de opciones de propiedad basadas en los NFT que adquieres de la tienda o de otros jugadores. Puedes comprar personajes jugables, conocidos como ejemplares, que tienen diferentes habilidades según su facción o calidad dentro de esa facción. Los elfos, halflings, orcos, enanos y humanos son accesibles y tienen una variedad de talentos y habilidades dependiendo de la rareza de tu ejemplar. Las escrituras son las NFT más esenciales en Mirandus, ya que te permiten construir un refugio comercial o seguro. Las escrituras establecen la propiedad y sirven como plantillas para ser "estampadas" en el mapa del juego.

Ser propietario de un terreno NFT le permite seleccionar lo que quiere desarrollar y la cantidad de beneficios que quiere compartir. Dado que las murallas son la única forma de mantenerse realmente a salvo en Mirandus, las escrituras también proporcionan protección. Los muros más grandes te defienden de los monstruos de mayor nivel, por lo que los territorios llenos de estas bestias requerirán mejores fortificaciones para mantener a los jugadores y sus cosas a

119

salvo. También puedes poseer muelles y barcos, lo que te abre más perspectivas de negocio si quieres viajar por las aguas vecinas con tu propio barco o beneficiarte de esos viajes.

¿Cómo funciona el "Play-To-Earn" en Mirandus?

El Materium, un token del juego, se puede ganar mientras se juega a Mirandus. Para obtener el nuevo token, debes poseer un ejemplo, un personaje NFT. Más personajes significa más Materium, aunque no está claro si un ejemplo más raro dará lugar a más fichas.

GALA es la ficha que se utiliza para comprar y vender NFT en Mirandus, mientras que Materium es sólo dinero en efectivo en el juego. Puedes vender NFT y fichas que adquieras en el juego a cambio de GALA. También puedes especular con los activos NFT en el juego comprándolos a bajo coste y vendiéndolos después para obtener un beneficio.

¿Qué es la ficha Mirandus (GALA)?

El token digital de utilidad de GALA Games, permite realizar transacciones seguras y sencillas dentro del ecosistema de Gala Games. Esto facilita la compra y la venta a los usuarios que juegan a muchos juegos. GALA puede utilizarse para comprar cualquiera de los NFT que se encuentran dentro de Mirandus. GALA no representa una participación en la red, ni promete al usuario ninguna cuota de red, dividendos o ingresos.

¿Dónde puedo comprar GALA?

GALA es accesible en prácticamente todos los mercados principales, sin embargo, las siguientes bolsas son las que más GALA manejan diariamente:

- Binance (emparejado con USDT, BUSD, BTC)
- Bolsa Crypto.com (GALA/USDT)

- Coinbase (GALA/USD y USDT)
- Huobi Global (GALA/USDT)
- KuCoin (GALA/USDT)

¿Cómo puedo ganar GALA?

Aunque no se puede ganar GALA en Mirandus, hay varios métodos para ganar GALA que no sean a través de un intercambio.

Actualmente, Town Star recompensa a los jugadores con GALA por operar un bot de granja que mina fichas. Para obtener un minero, debes abrir cajas de botín para encontrar las piezas o comprar uno premontado por 100.000 dólares en efectivo del juego. También se puede adquirir una licencia de nodo de gala por 156.500 GALA. La licencia otorga tokens, así como la posibilidad de adquirir otros premios como ediciones especiales de NFT para ayudar al mantenimiento de la red. Mientras que el Materium será el token dentro del juego, podrás comprar NFTs a través de la aplicación Gala Games con GALA.

Cómo jugar a Mirandus

Mirandus es un juego de rol de fantasía ambientado en un gran reino gobernado por 5 jugadores-monarcas que te permite elegir la carrera de tu ejemplar, ya sea un recolector de botín de mazmorras o un famoso comerciante con tiendas en cada ciudadela. Mirandus ofrece tanta libertad de exploración que no hay mapas ni buscadores. Si quieres ir a explorar, puedes adentrarte en la naturaleza y enfrentar tus talentos a las criaturas de los bosques profundos o las mazmorras, o puedes unirte al ejército real de un monarca y avanzar en los rangos. Puedes construir granjas y pueblos en las zonas salvajes. Estas áreas pueden crear recursos o servir como puntos de reunión para los jugadores, motivándolos a ir más allá de los muros protectores de una ciudad en busca de Materium.

Aunque reclamar una escritura en la naturaleza puede ser arriesgado, los beneficios pueden ser considerables si estás dispuesto a arriesgar tu vida lejos de la protección de la ciudad. El Materium se puede encontrar en la naturaleza. Te permite realizar hechizos, construir objetos para el final del juego e incluso revivir a los héroes caídos de entre los muertos. Cada acción tiene un impacto en el juego, lo que significa que tus elecciones económicas, de gobierno y políticas alterarán las experiencias de otros jugadores. Esto es especialmente cierto para aquellos que posean escrituras, estructuras o ejemplares, ya que estos jugadores tendrán mucho que decir sobre cómo se intercambian o asignan los recursos.

Ejemplos

Los ejemplares sirven como personajes jugables para los aventureros que quieren usar poderes que están disponibles exclusivamente para su grupo. Los elfos, los halflings, los orcos, los enanos y los humanos son todos accesibles, cada uno con su propio conjunto de características basadas en la rareza y las fortalezas personales. Dependiendo de la rareza de un ejemplo, pueden tener características únicas como un beneficio en los estilos de combate, un menor gasto de energía al viajar o una mejor recolección de recursos.

Hechos

La propiedad es un tipo de poder, y los jugadores que poseen escrituras tienen la capacidad de seleccionar lo que se crea y cómo les beneficiará a ellos y a la comunidad. Los tipos de propiedad incluyen haciendas, puestos de avanzada, ciudades y ciudadelas, y cada una de ellas varía en tamaño, ubicación y rareza. Cada acción sirve como una plantilla que puede ser "estampada" en el territorio de Mirandus para convertirlo en tu propia región de crecimiento, proporcionándote una parte de los ingresos de los bienes o servicios que se intercambien allí. Las mejores acciones también implican barreras más fuertes, que son necesarias para defender la propiedad y los residentes de los monstruos. Una aldea agrícola puede empezar con una simple valla de madera, pero una ciudadela puede tener enormes muros para repeler a los monstruos de todos los niveles.

Edificios

Sin embargo, la propiedad no lo es todo, ya que hay que construir estructuras antes de que los aventureros puedan visitar el terreno para explorar o comerciar. Sólo se puede colocar una estructura en tu propiedad si el tamaño del terreno se corresponde con el tamaño de tu propiedad. Los titulares de las escrituras pueden alquilar sus tierras a otros jugadores a cambio de un cargo o un porcentaje de los ingresos. Las armerías, las joyerías, las cervecerías y los templos están disponibles en varias rarezas y tamaños, y pueden construirse dentro de las ciudadelas o las ciudades, dependiendo de dónde poseas el terreno o puedas adquirir un arrendamiento de una persona con una escritura.

Barcos

No se puede llegar a todas las maravillas de Mirandus a pie, por lo que puede ser necesaria una poderosa embarcación marítima para acceder a determinados lugares. Algunos barcos son más rápidos que otros o pueden llevar más tripulación o carga, así que tenlo en cuenta a la hora de comprar un barco para recorrer las costas o adentrarse en aguas abiertas.

Muelles

Se necesita un muelle para descargar mercancías o para anclar los barcos mientras no están en uso, al igual que se necesita una escritura para colocar una estructura. Los muelles sencillos pueden transportar unos cuantos barcos sencillos, mientras que los muelles más grandes y raros pueden albergar tanto barcos pequeños como embarcaciones masivas como el engranaje, la carabela o el carruaje.

ILLUVIUM

Si quieres comprar Illuvium (ILV), necesitarás tener Bitcoin (BTC) o Ethereum (ETH) para poder operar.

Paso 1: Cómo crear una cuenta en Binance:

En los últimos años se han registrado varios incidentes de phishing que son imitaciones del sitio real; por ello, es fundamental examinar cuidadosamente la URL del sitio web. En primer lugar, busque el certificado "Secure", que debe aparecer en su barra de direcciones y sirve para validar la legitimidad del sitio. En segundo lugar, para estar más seguro al operar en la plataforma, marque el sitio oficial para evitar malentendidos en futuras búsquedas.

- ### 1.2 Rellene sus datos comerciales

Deberá rellenar sus datos haciendo clic en la opción "Registro" situada en la esquina superior derecha de la página del sitio web e introduciendo su información comercial. Por ejemplo, se le pedirá que indique su número de teléfono móvil o su dirección de correo electrónico. Para la dirección de correo electrónico, elija su dirección de correo electrónico principal a la que pueda acceder rápidamente y que sea la más segura, ya que la necesitará para iniciar sesión en su cuenta de

Binance en todo momento. También debes seleccionar una contraseña fuerte para tu correo electrónico, que debe incluir una combinación de números, símbolos y caracteres en mayúsculas y minúsculas. Como código de verificación de su cuenta y para completar el procedimiento de registro, obtendrá un número de 6 dígitos a través de la dirección de correo electrónico que haya proporcionado.

- **1.3 Permitir la autenticación de dos factores (opcional)**

Para que su cuenta sea más segura, utilice la autenticación de dos factores después de su inicio de sesión. Créeme cuando digo que configurar el 2FA es fundamental, ya que protege tu cuenta de cualquier actividad de los hackers. Después de introducir tu correo electrónico y tu contraseña, se te pedirá que proporciones un código único cada vez que inicies sesión utilizando la autenticación de dos factores. Para obtener tu código único, instala la aplicación Google authenticator en tu smartphone.

Paso 2: Comprar su primer Bitcoin (BTC)
Puedes enviar dinero a tu cuenta de criptocartera Binance directamente desde tu cuenta bancaria a través de una transferencia de dinero SWIFT, o puedes utilizar tu tarjeta de débito/crédito. En esta sección, le mostraré cómo utilizar su tarjeta de crédito.
Anteriormente, Binance prohibía el uso de tarjetas de crédito o débito en su plataforma, pero esto ha cambiado. Binance ha colaborado con Simplex para permitir a sus usuarios comprar Bitcoin o Ethereum utilizando sus tarjetas de crédito o débito. Como resultado, la velocidad de las transacciones de Crypto ha aumentado, las tasas de transacción han disminuido y la

flexibilidad de las transacciones ha aumentado. Aconsejo encarecidamente comprar primero Bitcoin y luego cambiarlo por la cantidad adecuada de Illuvium (ILV). Es sencillo comprar Bitcoins usando una tarjeta de crédito, pero voy a repasar las mejores formas de hacerlo paso a paso para asegurarme de que comprendes todos los detalles del comercio.

- Mueva el puntero del ratón sobre la pestaña "Buy Crypto" de la barra superior y elija el menú desplegable. A continuación, seleccione la moneda, por ejemplo, dólares estadounidenses, y haga clic en el botón "Tarjeta de crédito/débito" para pasar a la siguiente fase. Será enviado a la siguiente página, donde encontrará opciones para seleccionar el Bitcoin deseado (Select BTC) y la cantidad que debe pagar para comprar la cantidad de Bitcoin elegida. La cantidad total que debe gastar se presentará en función de la cantidad de Bitcoin que desee y del precio actual del mercado (incluidas todas las comisiones). Sin embargo, puede optar por especificar primero la tarifa total y luego el sistema determinará automáticamente el importe del pedido por usted.

- A continuación, haga clic en "Comprar BTC". Aparecerá una ventana con todos los detalles de su pedido. Sin embargo, antes de realizar su pedido, lea el descargo de responsabilidad y las condiciones del servicio. Una vez que esté satisfecho, confirme su pedido haciendo clic en el botón y yendo a "Pago"; haga clic.

- Rellene los datos de su tarjeta de crédito y sus datos personales. A continuación, haga clic en "Pagar ahora" y espere a que se valide su información.

- Si se trata de su primer pago simple, se le pedirá que autentifique su correo electrónico y su número de teléfono con un código que se le enviará por correo electrónico o SMS. Abra el enlace de su correo electrónico e introduzca el código que recibió por SMS para completar el procedimiento de verificación. Cuando hayas completado todos los pasos anteriores, haz clic en "Continuar".

- El uso de un documento oficial se utiliza entonces para verificar la identificación. Simplemente envíe la foto de su documento de identidad, junto con su información personal, y luego haga clic en la opción "Cargar documento".

- Finalmente, su documento personal será aceptado una vez que haya sido confirmado por el sistema, y se enviará un correo electrónico para confirmar la compra de la orden. A continuación, el BTC o Ethereum adquirido se deposita en su cuenta de Binance.

Paso 3: Crear una cuenta de Metamask

- En el navegador de tu ordenador, busca https://metamask.io o "Metamask extension" (puedes instalar Metamask para los navegadores Chrome, Firefox y Opera). A continuación te enseño cómo instalar el plugin de MetaMask para Chrome.

- Busca "Añadir a Chrome" y haz clic en él para instalar MetaMask como una extensión de Google Chrome.

- A continuación, pulse el botón "Añadir extensión".

- Si completas todos los pasos anteriores, habrás instalado con éxito el plugin MetaMask. Así de sencillo. El siguiente paso es conectar tu cartera de bitcoin existente. Simplemente crea un monedero de bitcoin si aún no tienes uno. Es muy sencillo hacerlo.

- Después de instalar la extensión, inicie MetaMask haciendo clic en el icono de la esquina superior derecha. Además, asegúrese de haber leído y aceptado las condiciones.

- Todavía debe establecer una contraseña segura y "hacer clic en Crear".
- Después de seleccionar "crear", verás una frase semilla de 12 palabras. Debes guardar las palabras semilla como un archivo o copiarlas en un lugar seguro antes de hacer clic en "Lo he copiado en un lugar seguro".
- ¡Enhorabuena! Has creado con éxito una cuenta de MetaMask con una nueva dirección de monedero.
- Para ver su dirección, verificar el código QR, copiar la dirección de su cartera en el portapapeles o exportar la clave privada de su cartera, vaya a Etherscan (explorador de la cadena de bloques de Ethereum).

Paso 4: Depositar ETHEREUM en su cartera MetaMask

- Coloque el ratón en la parte superior de la ventana en "nombre de la cuenta", que mostrará "Copiar al portapapeles".
- A continuación, copie su dirección haciendo clic en el "nombre de la cuenta".

- A continuación, ponga la dirección copiada en la casilla "receptor" de la App desde la que está transfiriendo ETHEREUM o tokens.
- Elija la cantidad que desea enviar, luego termine y envíe la transacción, asegurándose de elegir la red de transferencia "Ethereum (ETH) ERC20".

Es útil: Para obtener información sobre cómo reubicar su ETHEREUM/tokens, busque ayuda en la organización de la App que está utilizando.

Paso: 5 Cómo hacer su primera operación en Sushiswap

- Primero debe visitar el sitio web de intercambio de Sushiswap.
- Se encuentra en la esquina superior derecha; a continuación, haga clic en la opción "Conectar con un monedero" e inicie sesión con el monedero con el que desea operar.

- Inicie sesión utilizando una cartera MetaMask para hacerlo.
- La ventana de negociación se mostrará cuando haya iniciado la sesión.
- Elige el token que quieres intercambiar por el token que quieres en el campo superior. Vamos a elegir ETH. Una

130

vez en el campo inferior, busca el token que quieres comprar o elígelo en la opción desplegable (ILV).

- Una vez que haya completado todos estos pasos, podrá realizar el pedido que haya elegido. También puedes elegir cuánto quieres gastar introduciendo un número en la casilla superior, o cuánto quieres comprar introduciendo un número en la inferior.

- Mire en la parte inferior del menú de pedidos para ver cuánto puede anticiparse a recibir.

- Si estás satisfecho con el nivel, sólo tienes que hacer clic en el botón "Cambiar".

- Después de hacer clic, su cartera le pedirá que confirme la operación y tal vez establezca las comisiones a un nivel que le resulte más conveniente.

- Una vez que haya completado todos los pasos anteriores, confirme la transacción y ésta se ejecutará. Después de eso, sus tokens aparecerán en su cartera ERC20.

ATLAS ESTELAR

Star Atlas es un juego de metaverso virtual que pretende sumergir a los jugadores en un metaverso futurista y hacer uso del token del proyecto, ATLAS, para una serie de actividades dentro del juego. El juego está ambientado en el año 2620 y los jugadores pueden unirse a una de las tres facciones. Cada una de estas facciones tiene sus propios puntos fuertes y débiles que pueden influir en la forma de jugar. En un entorno futurista inmersivo, los jugadores del metaverso de Star Atlas luchan por los recursos.

Dentro de Star Atlas, los jugadores pueden explorar un universo masivo utilizando el vuelo en primera persona y los efectos visuales de alta calidad. Puedes explorar el metaverso con un presupuesto mínimo, y una mayor inversión te permitirá gestionar naves, recolectar recursos y formar gremios con otros jugadores. Los jugadores también pueden utilizar ATLAS para comprar cosas y subir de nivel a su personaje. El ATLAS se puede utilizar para conseguir premios. Las armaduras y las naves, por ejemplo, pueden comprarse con fichas no fungibles (NFT). Esta característica permite a los jugadores asegurarse la propiedad de sus cosas en el juego.

La blockchain Solana sirve de base para Star Atlas. Solana es bien conocida por su velocidad y sus tarifas económicas, que es una de las razones por las que los creadores de Star Atlas la eligieron. El equipo ha colaborado con una DEX, que permitirá a los jugadores comerciar, apostar y gastar su moneda en el juego de forma efectiva. POLIS es un token de gobierno en Star Atlas. Este token otorga a sus poseedores derechos de voto, permitiéndoles influir en la evolución del juego en el futuro. El juego está todavía en fase de producción en diciembre de 2021, y no se ha especificado ninguna fecha de lanzamiento. Sin embargo, los usuarios pueden elegir su facción y empezar a comprar cosas para empezar a jugar cuando se lance el juego.

CÓMO COMPRAR EL ATLAS DE LAS ESTRELLAS (ATLAS).

Puede que estés interesado en adquirir ATLAS ahora que tienes un conocimiento básico del Atlas Estelar.

Afortunadamente, es realmente sencillo de conseguir y sólo requiere unos breves pasos.

Abra una cuenta en línea.

El primer paso para obtener ATLAS es crear una cuenta en un sitio de comercio como FTX. Sin embargo, FTX sólo admite ATLAS fuera de los Estados Unidos, así que si está en los Estados Unidos, tendrá que utilizar un DEX. Es sencillo abrir una cuenta con FTX. Después de registrarse con una dirección de correo electrónico y una contraseña, debe proporcionar la documentación básica para validar su cuenta. Una vez validada su cuenta, la llena con una transferencia bancaria.

Comprar o descargar un monedero (opcional).

Aunque es sencillo comprar y guardar ATLAS en una plataforma de intercambio, esta puede no ser la opción más segura. Los monederos permiten a los usuarios un control total sobre sus activos y suelen ser mucho más seguros que los intercambios. Además, tener un monedero de criptomonedas te permite gastar tus activos digitales en DeFi y abre la posibilidad de recibir airdrops de bitcoins.

Haga su compra.

Navegue a la página web de ATLAS utilizando su cuenta de FTX financiada. Es el par ATLAS/USD para FTX. Una vez que haya encontrado el par adecuado, introduzca la cantidad que desea operar y haga clic en el botón "Ejecutar". A continuación, su saldo se guardará en su cartera.

MEJORES CARTERAS DE CRIPTOMONEDAS PARA EL TOKEN ATLAS

Mejor billetera de hardware: Ledger

Los monederos de hardware son dispositivos reales que contienen las claves privadas necesarias para transmitir criptodivisas. Este método se considera a menudo como el más seguro para almacenar criptodivisas. Ledger es una marca de monederos de hardware que funciona con la cadena de bloques Solana. Ledger tiene dos modelos: el Nano S y el Nano X. El Nano S es adecuado para principiantes, pero el Nano X es más sofisticado, con mayor almacenamiento y conexión Bluetooth. Si quieres ver una comparación detallada de los dos dispositivos, ve a la comparación de Ledger Nano S vs. Nano X de Benzinga.

Mejor cartera de software: Phantom

Las claves privadas se almacenan en línea a través de carteras de software. Esta solución es menos segura que un monedero de hardware, pero sigue proporcionando a los titulares un control total sobre su dinero. El monedero Phantom se basa en la cadena de bloques Solana y es compatible con todos los activos basados en Solana. Emplea una serie de características de seguridad, que van desde la protección con contraseña hasta un mecanismo de bloqueo que congela el monedero. También puede utilizarse junto con un monedero hardware de Ledger.

INTERCAMBIA, VENDE O CONVIERTE TU ATLAS ESTELAR (ATLAS)

Para convertir su ATLAS, busque un buen par para reemplazarlo. Sin embargo, como el token es relativamente nuevo, no hay muchas posibilidades en este momento. CoinMarketCap tiene una lista completa. Una vez que haya seleccionado el par deseado, introduzca la cantidad a intercambiar y complete la operación. A continuación, tendrá la nueva moneda en su cartera. Para pagar tu posición en FTX,

134

puedes cambiarla por USD. Para vender en Gate.io, primero debe cambiar por USDT y luego por USD.

Precios actuales de las criptomonedas

La volatilidad del mercado ha sido alta en diciembre de 2021. Los precios subieron ligeramente después de caer a finales de noviembre, pero volvieron a caer inmediatamente después. Muchos creen que la temporada navideña y el nuevo año serán cruciales para la criptomoneda. Puede que los precios sigan bajando o que se inviertan y vuelvan a subir. Nadie sabe qué pasará con los precios, y todo es concebible.

¿Es Star Atlas (ATLAS) una buena inversión?

A día de hoy, Star Atlas es sobre todo una inversión especulativa. La moneda tiene muy pocos usos, y el juego está actualmente en sus primeras etapas. Sin embargo, si el juego se publica y recibe una gran respuesta, el precio puede aumentar a medida que más personas compren el token y encuentren nuevas aplicaciones para él. El precio futuro de ATLAS está fuertemente influenciado por el juego y su lanzamiento.

OVNI

El Metaverso Oscuro es un sistema de bucle, un ecosistema en constante expansión que incluirá juegos P2E con NFTs criables en el juego y Tierras Virtuales que darán derecho a los coleccionistas a dinero en el juego. Todos los juegos se canalizarán a través del Mothership Gaming Launchpad de UFO. Todo se desbloquea con el OVNI.

¿Dónde puedo comprar el OVNI?

Hay varios métodos para comprar un OVNI. Sin embargo, la forma más conveniente de comprar un OVNI es a través de un intercambio mundial de buena reputación como Gate.io. Además de tener las comisiones más bajas del sector, somos una bolsa de criptomonedas de nivel 1 con un volumen de operaciones de más de 1.200 millones de dólares durante las 24 horas del día, y ocupamos el cuarto lugar en CoinGecko con una puntuación de confianza de 10. Llevamos operando desde 2013 y somos una de las bolsas más antiguas del mercado.

CÓMO COMPRAR UFO GAMING(UFO) EN UNOS SENCILLOS PASOS

- Crea una cuenta en Gate.io.
- Con el rápido procedimiento de verificación de Gate.io, puede certificarse rápidamente.
- **Comprar UFO:** Para empezar, debes financiar tu cuenta de Gate.io con una criptomoneda popular como USDT, BTC, etc. Después de haber financiado su cuenta, puede ir a la sección de comercio y comprar UFO. Después de empezar a comerciar en Gate.io, los descuentos VIP obtenidos automáticamente en función de sus volúmenes de comercio reducirán sus costos a los más bajos de la industria.
- **Invierta en UFO Gaming:** UFO puede ser negociado en Gate.io utilizando cuentas de margen y métodos cuantitativos. También podría tener que lidiar con derivados de OVNIs como contratos perpetuos y ETFs.

¿Qué puedes hacer con UFO Gaming después de comprarlo?
Aproveche

Gate.io ofrece una solución de apalancamiento que le permite obtener una exposición al mercado considerablemente mayor. Los bienes apalancados, como UFO Gaming, multiplican tanto sus ganancias como sus pérdidas potenciales.

Comercio cuantitativo

Gate.io es una plataforma de comercio cuantitativo que permite a los inversores utilizar técnicas matemáticas para el comercio de UFO Gaming o cualquier otra criptomoneda. Usted puede crear sus propios métodos de comercio cuantitativo, además de utilizar las técnicas incorporadas.

Comercio de contratos

Un contrato perpetuo es un contrato de futuros que no tiene fecha de vencimiento ni de liquidación. Los contratos perpetuos son un instrumento excelente tanto para cubrir el riesgo del activo subyacente como para obtener beneficios con expectativas razonables.

Préstamo

Puedes pedir prestadas monedas para ponerte en corto o pedir prestados USDT para ponerte en largo como trader. Los titulares pueden ganar dinero con sus activos prestando sus monedas a los operadores de margen. Gate.io no participa en los préstamos ni en los empréstitos.

Diferentes casos de uso para su juego de ovnis

- **Almacenarla:** Los inversores lo utilizan como depósito de valor.
- **Gastarlo:** Utilizarlo como medio de intercambio para comprar y vender productos y servicios.
- **Envíalo:** Recompensa a los productores de contenidos por sus trabajos de ejecución de pedidos.

- **Apréndelo:** Experimenta con las criptomonedas sin poner en riesgo tu dinero.

DALARNIA

Mines Of Dalarnia es un juego de acción y aventura en 2D gratuito que funciona con la cadena de bloques Chromia. Consiste en llevar a un personaje a través de numerosos niveles para adquirir reliquias y artefactos raros que pueden utilizarse para mejorar tu equipo y revelar los misterios de Dalarnia. La minería, como su nombre indica, es una parte importante de la experiencia de juego. Los jugadores extraen minerales en varios terrenos, descubren misterios y recogen materiales para mejorar su equipo de minería y los rasgos de su personaje.

Workinman Interactive y Chromia Studios crearon el juego, que contiene una variedad de lugares que los jugadores pueden explorar y que se dividen en cuatro tipos principales: Hielo, Oscuridad, Lava y Tierra. Además de extraer minerales y recursos, los jugadores deben combatir a los monstruos para conseguir objetos raros y preciosos y progresar en el juego.

¿Cómo funciona Mines Of Dalarnia?

Mines Of Dalarnia es un juego basado en el navegador, por lo que cualquiera puede jugarlo sin tener que descargar nada. Los jugadores deben buscar minerales y recursos enterrados; los tipos de recursos ocultos bajo una determinada ubicación varían en función de la topografía. Todas las minas tienen oponentes que los jugadores deben derrotar. A medida que se avanza en el juego y se explora más Dalarnia, los oponentes se vuelven más poderosos.

Dado que los tipos de enemigos a los que te enfrentas varían en función de la ubicación, los jugadores deben aprender a adaptarse a enemigos con ataques y cualidades distintas. Aparte de la minería, los jugadores pueden convertirse en propietarios de tierras comprando terrenos de la cadena de bloques. Los terratenientes son los responsables del crecimiento de la economía y pueden recibir una serie de beneficios, como cuotas de alquiler de los mineros, lanzamientos de minerales, regalos de tokens, etc.

¿Cómo ganar dinero en Mines of Dalarnia?

Mines of Dalarnia tiene su propia criptodivisa nativa, DAR, que sirve como dinero por defecto del mundo. La moneda se lanzó en noviembre de 2021 como parte de la cadena inteligente de Binance y ahora está disponible en una serie de intercambios de criptodivisas. En diciembre de 2021, 123,2 millones de DAR (o el 15,4% del suministro total de tokens) ya estaban en circulación. Los materiales que descubras mientras juegas irán de lo básico a lo exótico, con recursos más exóticos y reliquias y artefactos raros que se utilizarán para desarrollar equipo y avances narrativos. Los jugadores deben adquirir inicialmente el paquete inicial, que incluye suministros de oxígeno y un pico básico, para empezar a jugar.

Los diferentes terrenos requieren diferentes tipos de equipamiento para mantener a los jugadores con vida, por lo que si los jugadores quieren rendir bien en el juego, deben adaptarse utilizando recursos para actualizar su equipamiento y crear tácticas de minería. Dado que Mines Of Dalarnia es un juego para ganar, los jugadores pueden ganar fichas de diversas maneras, como completando los objetivos del juego, animando a sus amigos a jugar y ganando concursos.

Los terratenientes también pueden ganar dinero alquilando sus propiedades a los mineros para que las exploren. Las fichas no fungibles (NFT) representan todos los objetos, reliquias y artefactos que se encuentran en el juego y pueden intercambiarse en los mercados abiertos. En el mercado del juego, los jugadores pueden intercambiar o vender los objetos que ya no necesitan. Los que no tengan paciencia para buscar ciertos recursos pueden utilizar el mercado para comprar o alquilar lo que necesitan para avanzar en el juego.

CAPÍTULO 7: METAVERSO VS MULTIVERSO

Con el cambio de marca de Facebook a Meta, la atención se centra en los innumerables mundos virtuales que nos rodean y en cómo interactuamos con ellos. Aunque el metaverso aún está en sus primeras etapas, el concepto de invertir nuestro tiempo y esfuerzos de compromiso en un entorno exclusivamente online no es nuevo.

El concepto de metaverso se propuso inicialmente en la novela de ciencia ficción de 1992 Snow Crash, que se inspiró en los videojuegos de la época y que también hablaba de la llegada de un primer Internet. Y, en cierto modo, cuando utilizamos plataformas de medios sociales como Facebook, viajamos dentro y fuera de un mundo virtual autosuficiente a diario. Por esta razón, el New Yorker publicó un artículo titulado We Already Live in Facebook's Metaverse. A raíz de ello, surge la pregunta: ¿y si existiéramos en numerosos metaversos al mismo tiempo?

¿Se considera que cada red social, juego online como Minecraft y entorno de realidad virtual es un metaverso propio? Es entonces cuando entra en juego la noción de multiverso. Inspirado originalmente en la teoría de cuerdas de la física, el multiverso, al igual que el metaverso, fue popularizado por la ciencia ficción y los cómics en sus primeros años. A medida que la creación de un metaverso con RA/VR cobra fuerza, el multiverso debe reinterpretarse en su contexto. Expresado de forma sencilla, el multiverso en el contexto de la RA/VR se refiere a una colección de realidades fragmentadas, similar al concepto original de universos coexistentes en la teoría de cuerdas y la astrofísica teórica. Veamos cómo se relacionan estas dos ideas.

¿Qué es el metaverso?

El metaverso es un reino 3D inmersivo que combina diferentes experiencias de RA, RV y RM para crear un entorno convergente en el que los usuarios pueden interactuar entre sí y con el mundo 3D que les rodea.

Desde el desarrollo de juegos como Second Life, el metaverso ha estado en construcción durante bastante tiempo. Minecraft, Second Life y otras plataformas de realidad virtual propusieron que pudieras existir como un duplicado en 3D de ti mismo, pasando por experiencias, emociones, transacciones e interacciones del mundo real. Empresas como Decentraland, Sandbox, Microsoft y, más recientemente, Facebook y Meta han incorporado un componente de interfaz humano-ordenador a esto (HCI). Ahora no sólo se puede existir como un avatar en 3D, sino también interactuar con el mundo-paisaje virtual a través de interacciones sensoriales. En el futuro, las numerosas plataformas del metaverso que están desarrollando estas empresas se fusionarán para dar lugar a un entorno convergente, es decir, el auténtico metaverso.

¿Qué es el multiverso?

La hipótesis de los mundos paralelos, tal y como existe en la física, la cosmología, la astronomía y otras disciplinas de estudio relacionadas, se conoce como multiverso. El concepto cobró importancia a mediados y finales del siglo XX, derivado de la idea de que, incluso en un mundo infinito, sólo hay una cantidad finita de combinaciones de moléculas que pueden darse. Como resultado, la materia se vería empujada a repetir los mismos patrones tarde o temprano, dando lugar a mundos idénticos o muy diferentes al nuestro.

Según los cosmólogos, pueden existir multiversos con distintos grados de divergencia respecto al nuestro. Podría ser similar al nuestro, pero con un calendario de acontecimientos diferente. En términos de reglas básicas, puede ser comparable al nuestro, pero con un conjunto distinto de atributos físicos. Puede haber numerosos mundos en los que existan todas las combinaciones imaginables de materia y moléculas. Por último, puede haber universos que no estén ni de lejos relacionados con el nuestro y que funcionen según principios físicos distintos.

METAVERSO VS MULTIVERSO: DIFERENCIAS CLAVE

Para comprender mejor estas dos palabras, explora las principales distinciones entre el metaverso y el multiverso.

1. El metaverso se está construyendo, mientras que el multiverso es teórico o ya existe

El metaverso es una plataforma o ecosistema tecnológico en desarrollo. Los usuarios ya pueden descargar copias del mismo. El multiverso existe o no existe: no hay un proceso de creación, y los científicos sólo intentan establecer su existencia.

2. El metaverso es obligatoriamente inmersivo, mientras que el multiverso puede tener componentes 2D

El metaverso mezcla la realidad aumentada, la realidad virtual y la realidad aumentada para ofrecer una experiencia verdaderamente inmersiva. A medida que la tecnología avance, su representación del mundo real será más realista, y a la gente le resultará más sencillo entrar y salir del metaverso. Por otro lado, el multiverso puede contener mundos distintos al nuestro. Podría haber un universo con reglas físicas diferentes y, por tanto, cosas y criaturas bidimensionales.

2. El metaverso es universal, mientras que el multiverso no lo es

Esta es una distinción significativa. Como ya se ha dicho, el auténtico metaverso será convergente y global, y reunirá todos los mundos inmersivos creados por diversas empresas. El multiverso, en cambio, se caracteriza por su pluralidad intrínseca. Esto significa que siempre habrá varios mundos, cada uno de los cuales puede ser interoperable o no.

3. El metaverso es interoperable, mientras que el multiverso tiene una integración limitada

Por definición, el metaverso es interoperable, lo que permite a los usuarios teletransportarse dentro y fuera de los lugares, transportar cosas, utilizar las mismas credenciales, portar sus NFT, etc. La cantidad de interoperabilidad en el multiverso aún está por demostrar y vendrá determinada por el nivel de variación, como se ha descrito anteriormente. Sin embargo, dado que aún no hemos descubierto la existencia de un multiverso, es justo suponer que la integración y la interoperabilidad serán restringidas.

CONCLUSIÓN

Es importante recordar que, por muy emocionante que parezca, el metaverso sigue siendo un terreno inexplorado. La inversión inmobiliaria digital es un tipo de inversión relativamente nuevo que evoluciona continuamente. Hace unos meses, se podía comprar un trozo de inmueble digital por unos pocos cientos de dólares. Sólo se necesitan unos pocos miles de personas para empezar en 2021. No hay suficiente historial de transacciones en el mercado inmobiliario digital para prever cómo se comportará el mercado de terrenos virtuales. Invertir en él es muy especulativo, y el mercado es volátil en este momento. Esto no es para desanimarle a invertir en bienes raíces digitales; es sólo para señalar que no hay tolerancia de precios ni determinación del nivel de demanda para una mercancía tan nueva. Lleva la cuenta de cuánto dinero estás invirtiendo en tu nueva empresa.

Un metaverso completamente formado podría estar a años, si no a una década, de distancia. Todavía quedan varios retos tecnológicos por resolver, empezando por el hecho de que el mundo carece de una infraestructura de Internet capaz de soportar millones (o posiblemente miles de millones) de usuarios que accedan al metaverso al mismo tiempo. Además, una conexión a Internet ininterrumpida y fiable es un componente fundamental del metaverso, ya que una situación de mundo virtual con fallos y "cargas" dista mucho de lo que debe ser un metaverso auténtico.

Sin embargo, tecnologías como el 5G y la computación de borde están todavía en desarrollo y son ahora incapaces de satisfacer las demandas de una infraestructura sofisticada como el metaverso. Además, la privacidad y la seguridad de los datos plantean problemas adicionales. Solo el tiempo dirá si el primer metaverso verdadero se hará realidad, pero cuando lo haga, nos veremos allí. También puedes invertir en las fichas fungibles de estos juegos, que sirven como dinero en efectivo dentro del juego. Si no está seguro de en qué ficha invertir, siempre puede hacerlo en un fondo de índice metaverso, como el Metaverse Index (MVI) de Index Coop. El MVI reequilibra su cartera en función de las principales monedas metaversas del día.

Si las criptomonedas no son lo tuyo, puedes considerar invertir en acciones de empresas de realidad virtual y metaverso. Una empresa que está apostando a lo grande por el futuro de la realidad virtual y aumentada es Meta; un analista de Seeking Alpha cree que la corporación habrá invertido 70.000 millones de dólares en la idea entre 2014 y 2023. Las acciones de la realidad virtual y el metaverso, así como las inversiones privadas, también están sobre la mesa.

CPSIA information can be obtained
at www.ICGtesting.com
Printed in the USA
LVHW020953070922
727696LV00009B/869

9 798201 499488